MW01678245

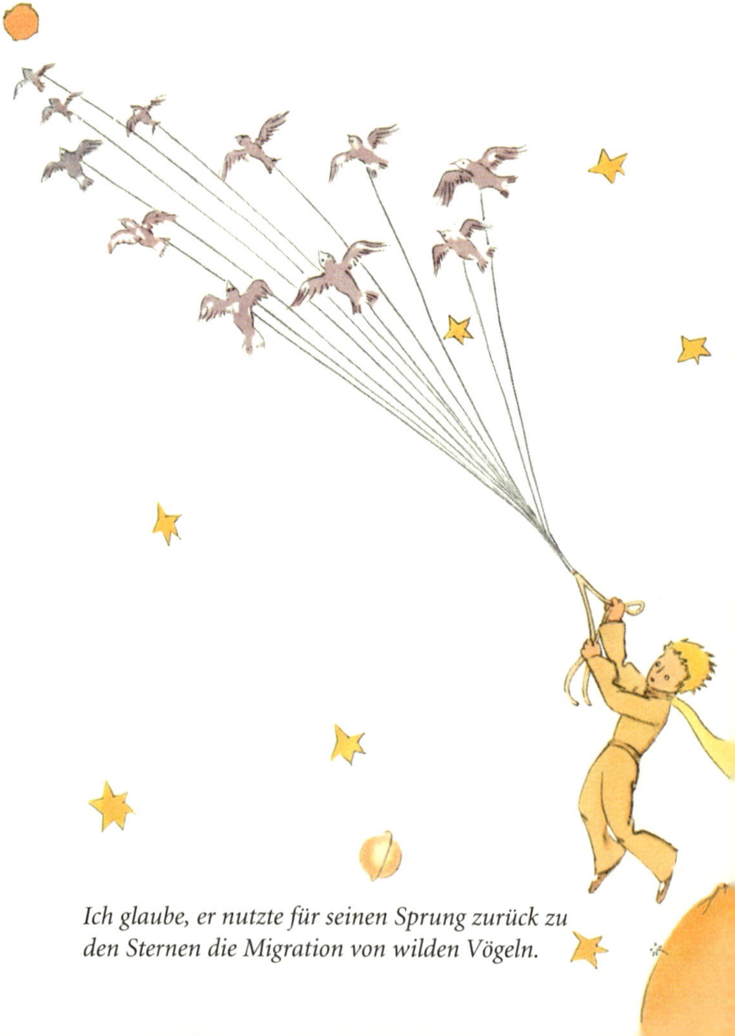

Ich glaube, er nutzte für seinen Sprung zurück zu den Sternen die Migration von wilden Vögeln.

ANTOINE DE SAINT-EXUPÉRY

Der Kleine Prinz

MIT ZEICHNUNGEN DES VERFASSERS

Ins Deutsche übertragen von
Grete und Josef Leitgeb

Karl Rauch Verlag

Titel der französischen Originalausgabe

LE PETIT PRINCE

© 1946 by Editions Gallimard Paris

Neuausgabe
mit allen Zeichnungen
des Verfassers

Bibliografische Information der Deutschen Nationalbibliothek
Die Deutsche Nationalbibliothek verzeichnet diese Publikation
in der Deutschen Nationalbibliografie;
detaillierte bibliografische Daten sind im Internet
über http://dnb.d-nb.de abrufbar.

65. Auflage 2008 · 5732. – 5881. Tausend
Alle Rechte vorbehalten
© 1950 und 2008 Karl Rauch Verlag KG, Düsseldorf
Dieses Buch darf in die Schweiz und nach Österreich
nicht exportiert werden.
Printed in Germany
ISBN 978-3-7920-0050-2
www.karl-rauch-verlag.de

FÜR LÉON WERTH

Ich bitte die Kinder um Verzeihung, dass ich dieses Buch einem Erwachsenen widme. Ich habe aber eine gute Entschuldigung dafür: Dieser Erwachsene ist der beste Freund, den ich in der Welt habe. Ich habe noch eine Entschuldigung: Dieser Erwachsene kann alles verstehen, sogar die Bücher für Kinder. Ich habe eine dritte Entschuldigung: Dieser Erwachsene wohnt in Frankreich, wo er hungert und friert. Er braucht sehr notwendig einen Trost. Wenn alle diese Entschuldigungen nicht ausreichen, so will ich dieses Buch dem Kind widmen, das dieser Erwachsene einst war. Alle großen Leute sind einmal Kinder gewesen (aber wenige erinnern sich daran). Ich verbessere also meine Widmung:

FÜR LÉON WERTH

ALS ER NOCH EIN JUNGE WAR

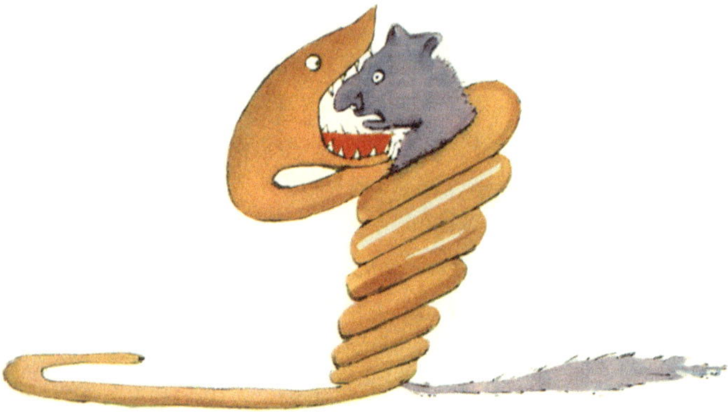

I

Als ich sechs Jahre alt war, sah ich einmal in einem Buch über den Urwald, das »Erlebte Geschichten« hieß, ein prächtiges Bild. Es stellte eine Riesenschlange dar, wie sie ein Wildtier verschlang. Hier ist eine Kopie der Zeichnung.

In dem Buch hieß es: »Die Boas verschlingen ihre Beute als Ganzes, ohne sie zu zerbeißen. Daraufhin können sie sich nicht mehr rühren und schlafen sechs Monate, um zu verdauen.«

Ich habe damals viel über die Abenteuer des Dschungels nachgedacht und ich vollendete mit einem Farbstift meine erste Zeichnung. Meine Zeichnung Nr. 1. So sah sie aus:

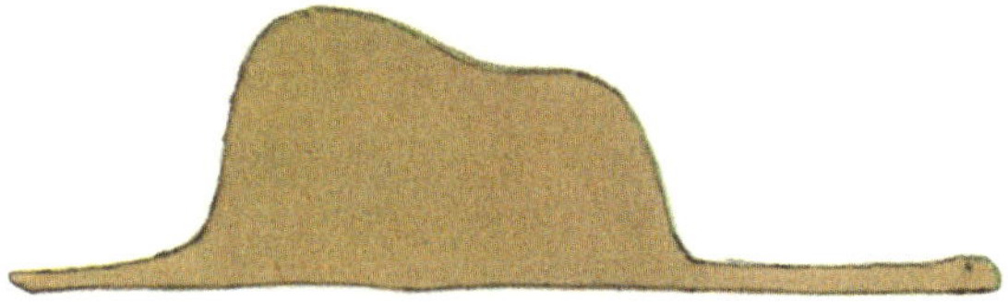

Ich habe den großen Leuten mein Meisterwerk gezeigt und sie gefragt, ob ihnen meine Zeichnung nicht Angst mache.

Sie haben mir geantwortet: »Warum sollen wir vor einem Hut Angst haben?«

Meine Zeichnung stellte aber keinen Hut dar. Sie stellte eine Riesenschlange dar, die einen Elefanten verdaut. Ich habe dann das Innere der Boa gezeichnet, um es den großen Leuten deutlich zu machen. Sie brauchen ja immer Erklärungen.

Hier meine Zeichnung Nr. 2:

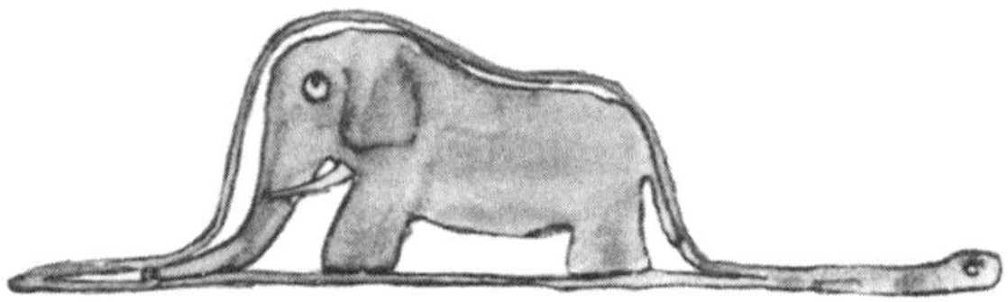

Die großen Leute haben mir geraten, mit den Zeichnungen von offenen oder geschlossenen Riesenschlangen aufzuhören und mich mehr für Geografie, Geschichte, Rechnen und Grammatik zu interessieren. So kam es, dass ich eine großartige Laufbahn, die eines Malers nämlich, bereits im Alter von sechs Jahren aufgab. Der Misserfolg meiner Zeichnungen Nr. 1 und Nr. 2 hatte mir den Mut genommen. Die großen Leute verstehen nie etwas von selbst, und für die Kinder ist es zu anstrengend, ihnen immer und immer wieder erklären zu müssen.

Ich war also gezwungen, einen anderen Beruf zu wählen, und lernte fliegen. Ich bin überall in der Welt herumgeflogen und die Geografie hat mir dabei wirklich gute Dienste geleistet. Ich konnte auf den ersten Blick China von Arizona unterscheiden.

Das ist sehr praktisch, wenn man sich in der Nacht verirrt hat.

So habe ich im Laufe meines Lebens mit einer Menge ernsthafter Leute zu tun gehabt. Ich bin viel mit Erwachsenen umgegangen und habe Gelegenheit gehabt, sie ganz aus der Nähe zu betrachten. Das hat meiner Meinung über sie nicht besonders gut getan.

Wenn ich jemanden traf, der mir ein bisschen heller vorkam, versuchte ich es mit meiner Zeichnung Nr. 1, die ich gut aufbewahrt habe. Ich wollte sehen, ob er wirklich klug war. Aber jedes Mal bekam ich zur Antwort: »Das ist ein Hut.« Dann redete ich mit ihm weder über Boas noch über Urwälder, noch über die Sterne. Ich stellte mich auf seinen Standpunkt. Ich sprach mit ihm über Bridge, Golf, Politik und Krawatten. Und der große Mensch war äußerst befriedigt, einen so vernünftigen Mann getroffen zu haben.

II

Ich blieb also allein, ohne jemanden, mit dem ich wirklich hätte sprechen können, bis ich vor sechs Jahren einmal eine Panne in der Wüste Sahara hatte. Etwas an meinem Motor war kaputtgegangen. Und da ich weder einen Mechaniker noch Passagiere bei mir hatte, machte ich mich ganz allein an die schwierige Reparatur. Es war für mich eine Frage auf Leben und Tod. Ich hatte für kaum acht Tage Trinkwasser mit.

Am ersten Abend bin ich also im Sand eingeschlafen, tausend Meilen von jeder bewohnten Gegend entfernt. Ich war viel verlassener als ein Schiffbrüchiger auf einem Floß mitten im Ozean. Ihr könnt euch daher meine Überraschung vorstellen, als bei Tagesanbruch eine seltsame kleine Stimme mich weckte:

»Bitte … zeichne mir ein Schaf!«

»Wie bitte?«

»Zeichne mir ein Schaf …«

Ich bin auf die Füße gesprungen, als wäre der Blitz in mich gefahren. Ich habe mir die Augen gerieben und genau hingeschaut. Da sah ich ein kleines, höchst ungewöhnliches Männchen, das mich ernsthaft betrachtete. Hier das beste Porträt, das ich später von ihm zuwege brachte. Aber das Bild ist

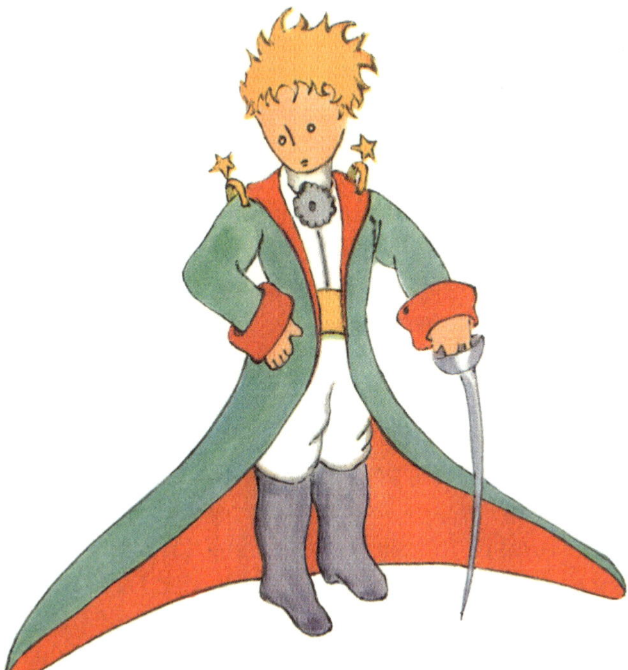

Das ist das beste Porträt, das ich – erst zu einem späteren Zeitpunkt – in der Lage war zu malen.

bestimmt nicht so bezaubernd wie das Modell. Ich kann nichts dafür. Ich war im Alter von sechs Jahren von den großen Leuten aus meiner Malerlaufbahn geworfen worden und hatte nichts zu zeichnen gelernt als geschlossene und offene Riesenschlangen.

Ich schaute mir die Erscheinung also mit großen, staunenden Augen an. Vergesst nicht, dass ich mich tausend Meilen abseits jeder bewohnten Gegend befand. Auch schien mir mein kleines Männchen nicht verirrt, auch nicht halb tot vor Müdigkeit, Hunger, Durst oder Angst. Es machte durchaus nicht den Eindruck eines mitten in der Wüste verlorenen Kindes, tausend Meilen von jeder bewohnten Gegend. Als ich endlich sprechen konnte, sagte ich zu ihm:

»Aber … was machst denn du da?«

Da wiederholte es ganz sanft, wie eine sehr ernsthafte Sache:

»Bitte … zeichne mir ein Schaf …«

Wenn das Geheimnis zu eindrucksvoll ist, wagt man nicht zu widerstehen. So absurd es mir erschien – tausend Meilen von jeder menschlichen Behausung und in Todesgefahr –, ich zog aus meiner Tasche ein Blatt Papier und eine Füllfeder. Dann aber erinnerte ich mich, dass ich vor allem Geografie, Geschichte, Rechnen und Grammatik studiert hatte, und missmutig sagte ich zu dem Männchen, dass ich nicht zeichnen könne. Es antwortete:

»Das macht nichts. Zeichne mir ein Schaf.«

Da ich nie ein Schaf gezeichnet hatte, machte ich

ihm eine von den einzigen zwei Zeichnungen, die ich zuwege brachte.

Die von der geschlossenen Riesenschlange. Und ich war höchst verblüfft, als ich das Männchen sagen hörte:

»Nein! Nein! Ich will keinen Elefanten in einer Riesenschlange. Eine Riesenschlange ist sehr gefährlich und ein Elefant braucht viel Platz. Bei mir zu Hause ist wenig Platz. Ich brauche ein Schaf. Zeichne mir ein Schaf.«

Also habe ich gezeichnet.

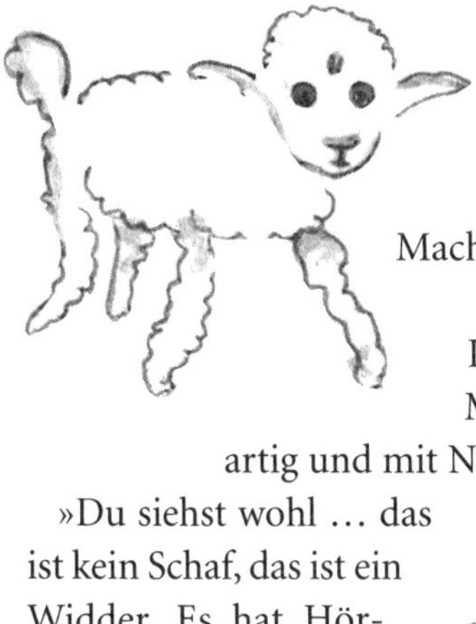

Das Männchen schaute aufmerksam zu, dann sagte es:

»Nein! Das ist schon sehr krank. Mach ein anderes.«

Ich zeichnete.

Mein Freund lächelte artig und mit Nachsicht:

»Du siehst wohl … das ist kein Schaf, das ist ein Widder. Es hat Hörner …«

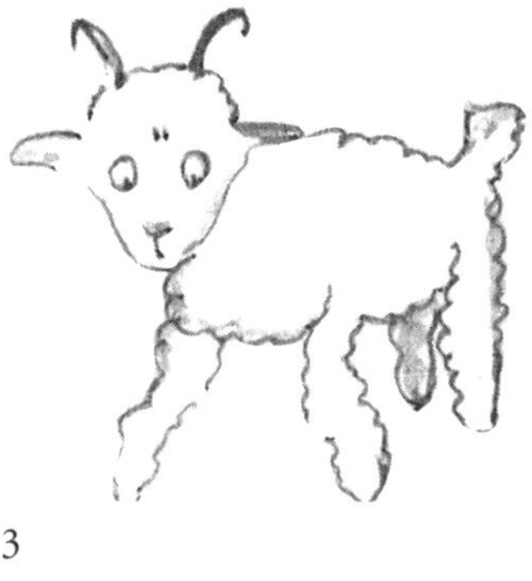

Ich machte also meine Zeichnung noch einmal. Aber sie wurde ebenso abgelehnt wie die vorigen:

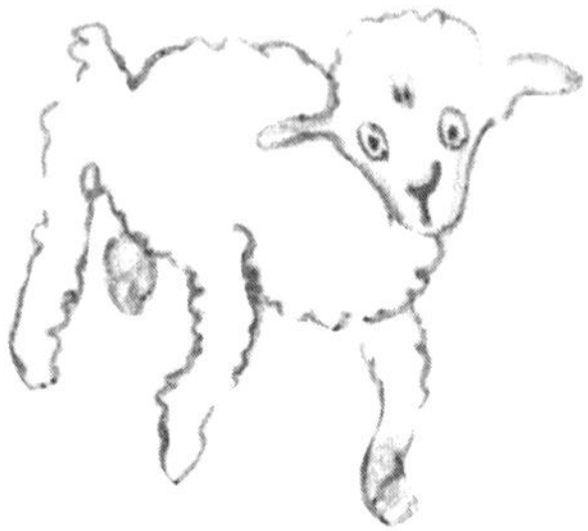

»Das ist schon zu alt. Ich will ein Schaf, das lange lebt.«

Mir ging die Geduld aus, es war höchste Zeit, meinen Motor auszubauen, so kritzelte ich diese Zeichnung da zusammen und knurrte dazu:

»Das ist die Kiste. Das Schaf, das du willst, steckt da drin.«

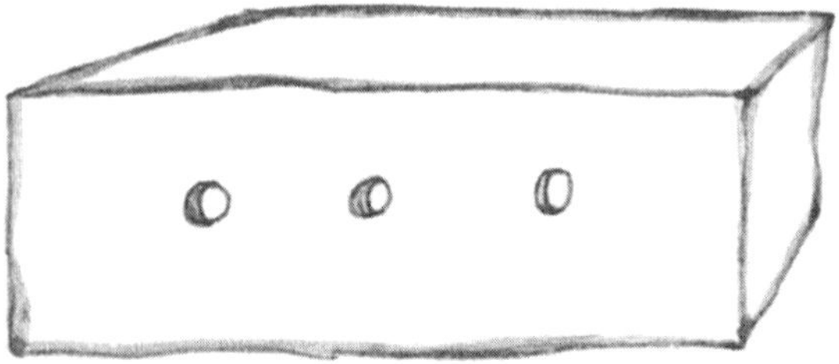

Und ich war höchst überrascht, als ich das Gesicht meines jungen Kritikers aufleuchten sah:

»Das ist ganz so, wie ich es mir gewünscht habe. Meinst du, dass dieses Schaf viel Gras braucht?«

»Warum?«

»Weil bei mir zu Hause alles ganz klein ist …«

»Es wird bestimmt ausreichen. Ich habe dir ein ganz kleines Schaf geschenkt.«

Er neigte den Kopf über die Zeichnung:

»Nicht so klein wie … Aber sieh nur! Es ist eingeschlafen …«

So machte ich die Bekanntschaft des kleinen Prinzen.

III

Ich brauchte lange Zeit, um zu verstehen, woher er kam. Der kleine Prinz, der viele Fragen an mich richtete, schien die meinen nie zu hören. Zufällig aufgefangene Worte haben mir nach und nach sein

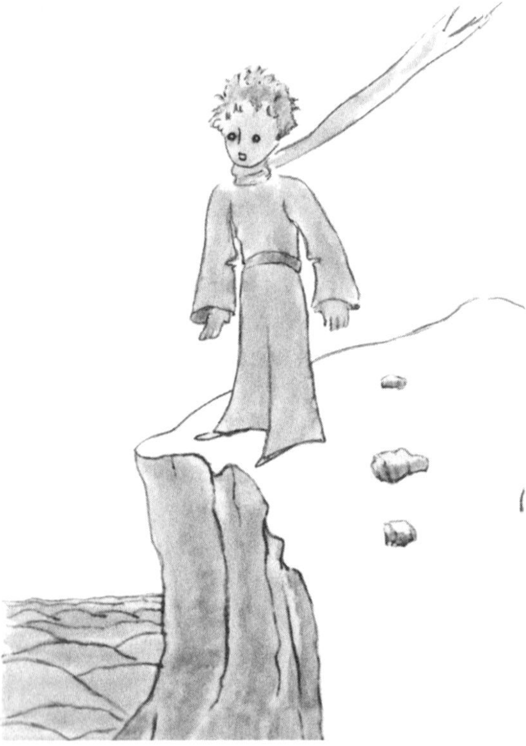

Geheimnis enthüllt. So fragte er, als er zum ersten Mal mein Flugzeug sah (ich werde mein Flugzeug nicht zeichnen, das ist eine viel zu komplizierte Sache für mich):

»Was ist das für ein Ding da?«

»Das ist kein Ding. Das fliegt. Das ist ein Flugzeug. Es ist mein Flugzeug.«

Und ich war stolz, ihm sagen zu können, dass ich fliege. Da rief er:

»Wie! Du bist vom Himmel gefallen?«

»Ja«, sagte ich bescheiden.

»Ah! Das ist ja lustig ...«

Und der kleine Prinz bekam einen ganz tollen Lachanfall, der mich ordentlich ärgerte. Ich lege Wert darauf, dass meine Unfälle ernst genommen werden.

Er aber fuhr fort:

»Also auch du kommst vom Himmel! Von welchem Planeten bist du denn?«

Da ging mir ein Licht auf über das Geheimnis seiner Anwesenheit und ich fragte hastig:

»Du kommst also von einem anderen Planeten?«

Aber er antwortete nicht. Er schüttelte nur sanft den Kopf, indem er mein Flugzeug musterte:

»Freilich, auf dem Ding da kannst du nicht allzu weit herkommen ...«

Und er versank in eine Träumerei, die lange dauerte. Dann nahm er mein Schaf aus der Tasche und vertiefte sich in den Anblick seines Schatzes.

Ihr könnt euch vorstellen, wie stark diese Andeutung über die »anderen Planeten« mich beunruhigen musste. Ich bemühte mich also, mehr zu erfahren:

»Woher kommst du, mein kleines Kerlchen? Wo bist du denn zu Hause? Wohin willst du mein Schaf mitnehmen?«

Er antwortete nach einem nachdenklichen Schweigen:

»Die Kiste, die du mir da geschenkt hast, hat das Gute, dass sie ihm nachts als Haus dienen kann.«

»Gewiss. Und wenn du brav bist, gebe ich dir auch einen Strick, um es tagsüber anzubinden. Und einen Pflock dazu.«

Dieser Vorschlag schien den kleinen Prinzen zu kränken:

»Anbinden? Was für eine komische Idee!«

»Aber wenn du es nicht anbindest, wird es doch weglaufen …«

Da brach mein Freund in ein neuerliches Gelächter aus:

»Aber wo soll es denn hinlaufen?«

»Irgendwohin. Geradeaus …«

Da versetzte der kleine Prinz ernsthaft:

»Das macht nichts aus, es ist so klein bei mir zu Hause!«

Und, vielleicht ein bisschen schwermütig, fügte er hinzu:

»Geradeaus kann man nicht sehr weit gehen …«

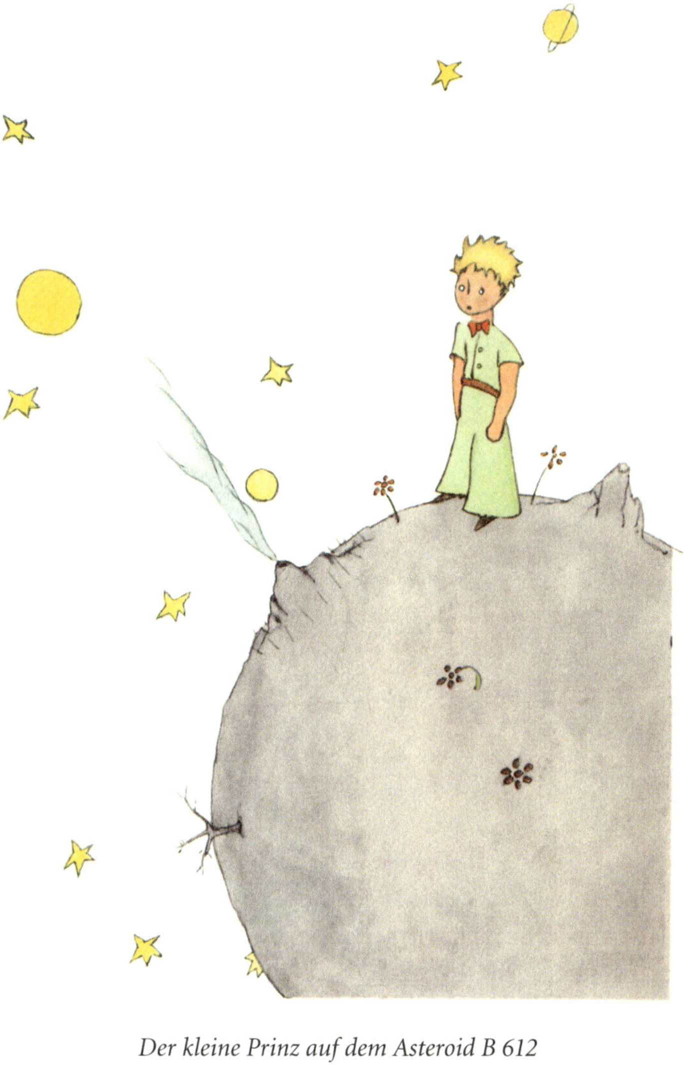

Der kleine Prinz auf dem Asteroid B 612

IV

Ich hatte eine zweite sehr wichtige Sache erfahren: Der Planet seiner Herkunft war kaum größer als ein Haus!

Das erschien mir gar nicht verwunderlich. Ich wusste ja, dass es außer den großen Planeten wie der Erde, dem Jupi-

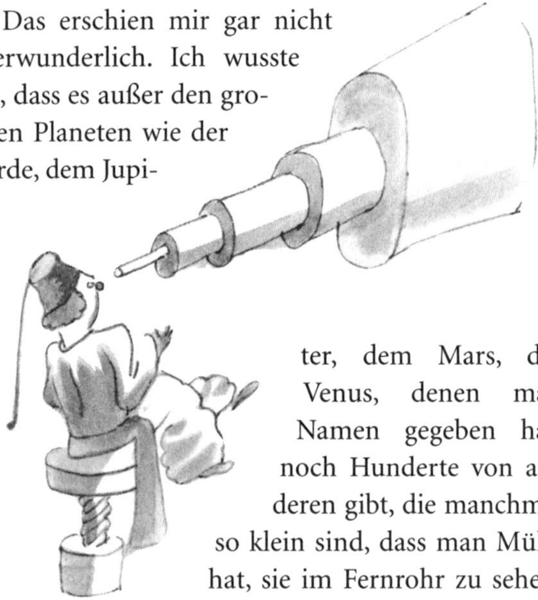

ter, dem Mars, der Venus, denen man Namen gegeben hat, noch Hunderte von anderen gibt, die manchmal so klein sind, dass man Mühe hat, sie im Fernrohr zu sehen. Wenn ein Astronom einen von ihnen entdeckt, gibt er ihm statt des Namens eine Nummer. Er nennt ihn zum Beispiel: Asteroid Nr. 3251.

Ich habe ernsthafte Gründe zu glauben, dass der Planet, von dem der kleine Prinz kam, der Asteroid

B 612 ist. Dieser Planet ist nur ein einziges Mal im Jahre 1909 von einem türkischen Astronomen im Fernrohr gesehen worden.

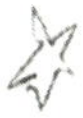

Er hatte damals beim internationalen Astronomenkongress einen großen Vortrag über seine Entdeckung gehalten. Aber niemand hatte ihm geglaubt, und zwar ganz einfach seines Anzuges wegen. Die großen Leute sind so.

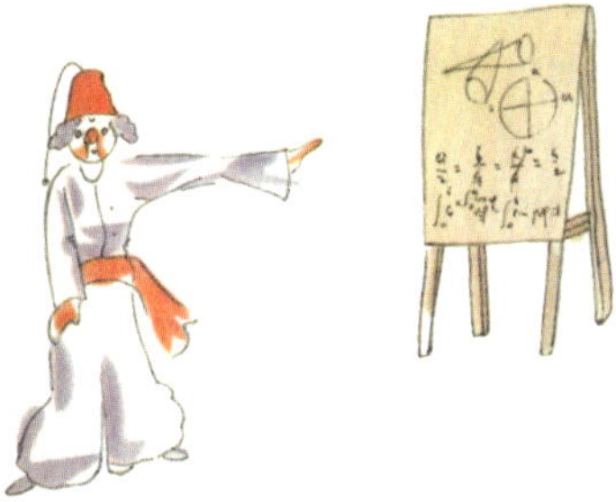

Zum Glück für den Ruf des Planeten B 612 befahl ein türkischer Diktator seinem Volk bei Todesstrafe, nur noch europäische Kleider zu tragen. Der Astronom wiederholte seinen Vortrag im Jahre 1920 in einem sehr eleganten Anzug. Und diesmal gaben sie ihm alle Recht.

Wenn ich euch dieses nebensächliche Drum und Dran über den Planeten B 612 erzähle und euch sogar seine Nummer anvertraue, so geschieht das der großen Leute wegen. Die großen Leute haben eine Vorliebe für Zahlen. Wenn ihr

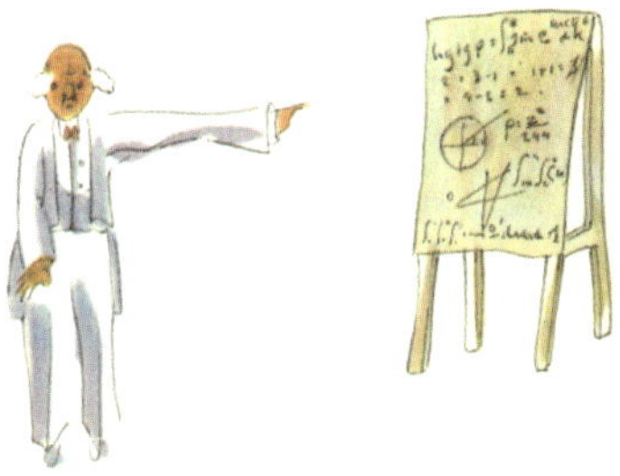

ihnen von einem neuen Freund erzählt, befragen sie euch nie über das Wesentliche. Sie fragen euch nie: Wie ist der Klang seiner Stimme? Welche Spiele liebt er am meisten? Sammelt er Schmetterlinge? Sie fragen euch: Wie alt ist er? Wie viele Brüder hat er? Wie viel wiegt er? Wie viel verdient sein Vater? Dann erst glauben sie, ihn zu kennen. Wenn ihr zu den großen Leuten sagt:

Ich habe ein sehr schönes Haus mit roten Ziegeln gesehen, mit Geranien vor den Fenstern und Tauben auf dem Dach …, dann sind sie nicht imstande, sich dieses Haus vorzustellen. Man muss ihnen sagen: Ich habe ein Haus gesehen, das hunderttausend Franken wert ist. Dann schreien sie gleich: Ach, wie schön!

So auch, wenn ihr ihnen sagt: Der Beweis dafür, dass es den kleinen Prinzen wirklich gegeben hat, besteht darin, dass er entzückend war, dass er lachte und dass er ein Schaf haben wollte; denn wenn man sich ein Schaf wünscht, ist es doch ein Beweis dafür, dass man lebt, dann werden sie die Achseln zucken und euch wie Kinder behandeln. Aber wenn ihr ihnen sagt: Der Planet, von dem er kam, ist der Planet B 612, dann werden sie überzeugt sein und euch mit ihren Fragen in Ruhe lassen. So sind sie. Man darf ihnen das nicht übel nehmen. Kinder müssen mit großen Leuten viel Nachsicht haben.

Wir freilich, die wir wissen, was das Leben eigentlich ist, wir machen uns nur lustig über die albernen Zahlen. Viel lieber hätte ich diese Geschichte begonnen wie ein Märchen. Am liebsten hätte ich so angefangen:

›Es war einmal ein kleiner Prinz, der wohnte auf einem Planeten, der kaum größer war als er selbst, und er brauchte einen Freund …‹ Für die, die das Leben richtig verstehen, würde das viel glaubwürdiger klingen.

Denn ich möchte nicht, dass man mein Buch leichtnimmt. Ich empfinde so viel Kummer beim Erzählen dieser Erinnerungen. Es ist nun schon sechs Jahre her, dass mein Freund mit seinem Schaf davongegangen ist. Wenn ich hier versuche, ihn zu beschreiben, so tue ich das, um ihn nicht zu vergessen. Es ist traurig, einen Freund zu vergessen. Nicht jeder hat einen Freund gehabt. Und ich könnte wie die großen Leute werden, die sich nur für Ziffern interessieren, deshalb habe ich mir schließlich auch einen Farbenkasten und Zeichenstifte gekauft.

Es ist schwer, sich in meinem Alter noch einmal aufs Zeichnen einzulassen, wenn man seit seinem sechsten Lebensjahr nie andere Versuche gemacht hat als die mit einer geschlossenen und einer offenen Riesenschlange. Ich werde selbstverständlich versuchen, die Bilder so wirklichkeitstreu wie möglich zu machen. Aber ich bin nicht ganz sicher, ob es mir gelingen wird. Die eine Zeichnung geht, die andere ist schon nicht mehr ähnlich. Ich irre mich auch mitunter in den Maßen. Da ist der kleine Prinz zu groß und da ist er zu klein. Auch die Farbe seiner Kleider macht mir Kummer. Dann probiere ich hin und her, so gut es eben geht. Ich werde mich vermutlich auch bei wichtigeren Einzelheiten irren. Aber das muss man doch schon nachsehen. Mein Freund hat mir nie Erklärungen gegeben. Er glaubte wahrscheinlich, ich sei wie er. Aber ich bin leider nicht imstande, durch die Kistenbretter hindurch Schafe zu sehen. Ich gleiche doch wohl schon eher den großen Leuten. Ich musste ja im Laufe der Zeit älter werden.

V

Jeden Tag erfuhr ich etwas Neues über den Planeten, über die Abreise und über die Fahrt. Das ergab sich ganz sachte im Laufe meiner Überlegungen. So lernte ich am dritten Tag die Tragödie der Affenbrotbäume kennen. Auch dies verdanke ich schließlich dem Schaf, denn unvermittelt fragte mich der kleine Prinz, als wäre er von einem schweren Zweifel geplagt:

»Es stimmt doch, dass Schafe Stauden fressen?«

»Ja, das stimmt.«

»Ach, da bin ich froh!«

Ich verstand nicht, warum es so wichtig war, dass Schafe Stauden fressen. Aber der kleine Prinz fügte hinzu:

»Dann fressen sie doch auch Affenbrotbäume?«

Ich erklärte dem kleinen Prinzen ausführlich, dass Affenbrotbäume doch keine Stauden sind, sondern kirchturmhohe Bäume, und selbst wenn er eine ganze Herde Elefanten mitnähme, würde diese Herde nicht mit einem einzigen Affenbrotbaum fertig werden.

Der Einfall mit den Elefanten brachte ihn zum Lachen.

»Man müsste sie übereinanderstellen …«

Aber dann bemerkte er klugerweise:

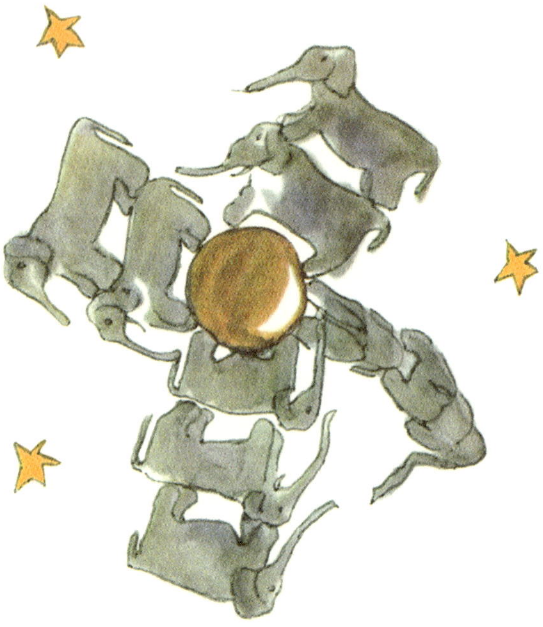

»Bevor die Affenbrotbäume groß werden, fangen sie ja erst klein an.«

»Das ist schon richtig. Aber warum willst du, dass deine Schafe die kleinen Affenbrotbäume fressen?«

Er antwortete: »Schon gut! Wir werden ja sehen!« Als ob es sich da um das klarste Ding der Welt handelte. Und ich musste meinen ganzen Verstand aufbieten, um der Sache auf den Grund zu kommen.

In der Tat gab es auf dem Planeten des kleinen Prinzen wie auf allen Planeten gute Gewächse und schlechte Gewächse. Infolgedessen auch gute Samenkörner von guten Gewächsen und schlechte Samenkörner von schlechten Gewächsen. Aber die Samen sind unsichtbar. Sie schlafen geheimnisvoll in der Erde, bis es einem von ihnen einfällt aufzuwachen. Dann streckt er sich und treibt zuerst schüchtern einen entzückenden kleinen Spross zur Sonne, einen ganz harmlosen. Wenn es sich um einen Radieschen- oder Rosentrieb handelt, kann man ihn

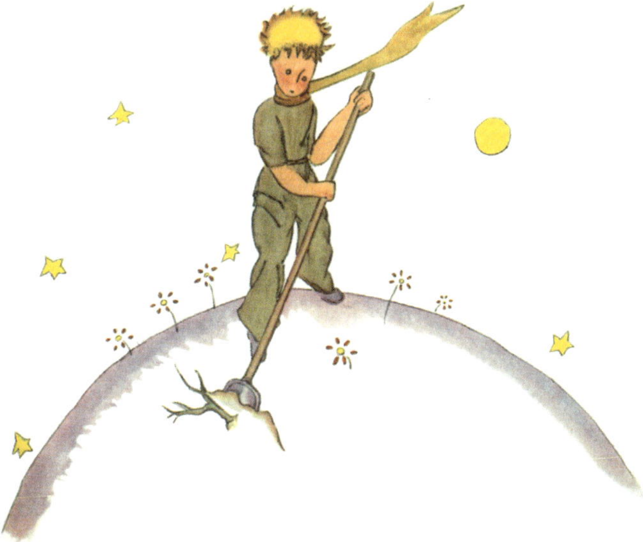

wachsen lassen, wie er will. Aber wenn es sich um eine schädliche Pflanze handelt, muss man die Pflanze beizeiten herausreißen, sobald man erkannt hat, was für eine es ist. Auf dem Planeten des kleinen Prinzen gab es fürchterliche Samen … und das waren die Samen der Affenbrotbäume. Der Boden des Planeten war voll davon. Aber einen Affenbrotbaum kann man, wenn man sich seiner zu spät annimmt, nie mehr loswerden. Er bemächtigt sich des ganzen Planeten. Er durchdringt ihn mit seinen Wurzeln. Und wenn der Planet zu klein ist und die Affenbrotbäume zu zahlreich werden, sprengen sie ihn.

»Es ist eine Frage der Disziplin«, sagte mir später der kleine Prinz. »Wenn man seine Morgentoilette beendet hat, muss man sich ebenso sorgfältig an die Toilette des Planeten machen. Man muss sich regelmäßig dazu zwingen, die Sprösslinge der Affenbrotbäume auszureißen, sobald man sie von den Rosensträuchern unterscheiden kann, denen sie in der Jugend sehr ähnlich sehen. Das ist eine zwar langweilige, aber leichte Arbeit.«

Und eines Tages riet er mir, ich solle mich bemühen, eine schöne Zeichnung zustande zu bringen, damit es den Kindern bei mir daheim auch richtig in den Kopf gehe. »Wenn sie eines Tages auf die Reise gehen«, sagte er, »kann es ihnen zugute kommen. Zuweilen macht es ja wohl nichts aus, wenn man seine Arbeit auf später verschiebt. Aber wenn es sich

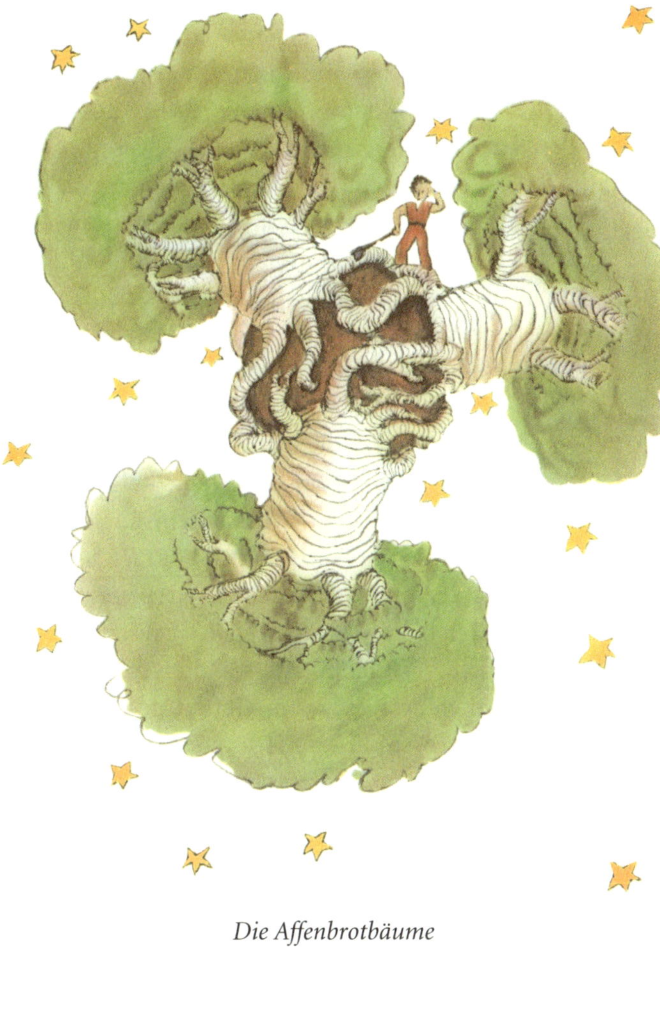

Die Affenbrotbäume

um Affenbrotbäume handelt, führt das stets zur Katastrophe. Ich habe einen Planeten gekannt, den ein Faulpelz bewohnte. Er hatte drei Sträucher übersehen …«

Und so habe ich diesen Planeten nach den Angaben des kleinen Prinzen gezeichnet. Ich nehme nicht gerne den Tonfall eines Moralisten an. Aber die Gefährlichkeit der Affenbrotbäume ist so wenig bekannt, und die Gefahren, die jedem drohen, der sich auf einen Asteroiden verirrt, sind so beträchtlich, dass ich für dieses eine Mal meine Zurückhaltung aufgebe. Ich sage: Kinder, Achtung! Die Affenbrotbäume! Um meine Freunde auf eine Gefahr aufmerksam zu machen, die – unerkannt – ihnen wie mir seit langem droht, habe ich so viel an dieser Zeichnung gearbeitet. Die Lehre, die ich damit gebe, ist gewiss der Mühe wert. Ihr werdet euch vielleicht fragen: Warum enthält dieses Buch nicht noch andere, ebenso großartige Zeichnungen wie die Zeichnung von den Affenbrotbäumen? Die Antwort ist sehr einfach: Ich habe wohl den Versuch gewagt, aber es ist mir nicht gelungen. Als ich die Affenbrotbäume zeichnete, war ich vom Gefühl der Dringlichkeit beseelt.

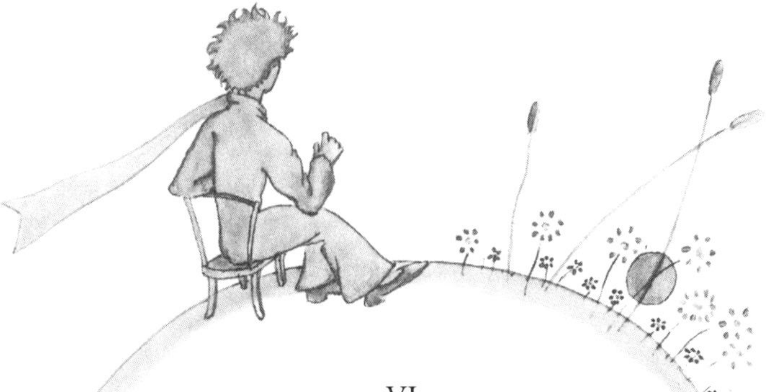

VI

Ach, kleiner Prinz, so nach und nach habe ich dein kleines schwermütiges Leben verstanden. Lange Zeit hast du, um dich zu zerstreuen, nichts anderes gehabt als die Lieblichkeit der Sonnenuntergänge. Das erfuhr ich am Morgen des vierten Tages, als du mir sagtest:

»Ich liebe die Sonnenuntergänge sehr. Komm, lass uns einen Sonnenuntergang anschauen …«

»Da muss man noch warten …«

»Worauf denn warten?«

»Warten, bis die Sonne untergeht.«

Du hast zuerst ein sehr erstauntes Gesicht gemacht und dann über dich selber gelacht. Und du hast zu mir gesagt:

»Ich bilde mir immer ein, ich sei zu Hause!«

In der Tat. Wenn es in den Vereinigten Staaten

Mittag ist, geht die Sonne, wie jedermann weiß, in Frankreich unter. Um dort einem Sonnenuntergang beizuwohnen, müsste man in einer Minute nach Frankreich fliegen können. Unglücklicherweise ist Frankreich viel zu weit weg. Aber auf deinem so kleinen Planeten genügte es, den Sessel um einige Schritte weiterzurücken. Und du erlebtest die Dämmerung, so oft du es wünschtest …

»An einem Tag habe ich die Sonne dreiundvierzigmal untergehen sehen!«

Und ein wenig später fügtest du hinzu:

»Du weißt doch, wenn man recht traurig ist, liebt man die Sonnenuntergänge …«

»Am Tage mit den dreiundvierzigmal warst du also besonders traurig?« Aber der kleine Prinz antwortete nicht.

VII

Am fünften Tag war es wieder das Schaf, das ein Lebensgeheimnis des kleinen Prinzen enthüllen half. Er fragte mich unvermittelt, ohne Umschweife, als pflückte er die Frucht eines in langem Schweigen gereiften Problems:

»Wenn ein Schaf Sträucher frisst, so frisst es doch auch die Blumen?«

»Ein Schaf frisst alles, was ihm vors Maul kommt.«

»Auch die Blumen, die Dornen haben?«

»Ja. Auch die Blumen, die Dornen haben.«

»Wozu haben sie dann die Dornen?«

Ich wusste es nicht. Ich war gerade mit dem Versuch beschäftigt, einen zu streng angezogenen Bolzen meines Motors abzuschrauben. Ich war in großer Sorge, da mir meine Panne sehr bedenklich zu erscheinen begann, und ich machte mich aufs Schlimmste gefasst, weil das Trinkwasser zur Neige ging.

»Was für einen Zweck haben die Dornen?«

Der kleine Prinz verzichtete niemals auf eine Frage, wenn er sie einmal gestellt hatte. Ich war völlig mit meinem Bolzen beschäftigt und antwortete aufs Geratewohl:

»Die Dornen, die haben gar keinen Zweck, die Blumen lassen sie aus reiner Bosheit wachsen!«

»Oh!«

Er schwieg. Aber dann warf er mir in einer Art Verärgerung zu:

»Das glaube ich dir nicht! Die Blumen sind schwach. Sie sind arglos. Sie schützen sich, wie sie können. Sie bilden sich ein, dass sie mit Hilfe der Dornen gefährlich wären …«

Ich antwortete nichts und sagte mir im selben Augenblick: Wenn dieser Bolzen noch lange bockt, werde ich ihn mit einem Hammerschlag heraushauen müssen.

Der kleine Prinz störte meine Überlegungen von neuem:

»Und du glaubst, dass die Blumen …«

»Aber nein! Aber nein! Ich glaube nichts! Ich habe irgendetwas dahergeredet. Wie du siehst, beschäftige ich mich mit wichtigeren Dingen!«

Er schaute mich verdutzt an.

»Mit wichtigeren Dingen!«

Er sah mich an, wie ich mich mit dem Hammer in der Hand und vom Schmieröl verschmutzten Händen über einen Gegenstand beugte, der ihm ausgesprochen hässlich erscheinen musste.

»Du sprichst ja wie die großen Leute!«

Das beschämte mich. Er aber fügte unbarmherzig hinzu:

»Du verwechselst alles, du bringst alles durcheinander!«

Er war wirklich sehr aufgebracht. Er schüttelte sein goldenes Haar im Wind.

»Ich kenne einen Planeten, auf dem ein puterroter Herr haust. Er hat nie den Duft einer Blume geatmet. Er hat nie einen Stern angeschaut. Er hat nie jemanden geliebt. Er hat nie etwas anderes als Additionen gemacht. Und den ganzen Tag wiederholt er wie du: Ich bin ein ernsthafter Mann! Ich bin ein ernsthafter Mann! Und das macht ihn ganz geschwollen vor Hochmut. Aber das ist kein Mensch, das ist ein Schwamm.«

»Ein was?«

»Ein Schwamm!«

Der kleine Prinz war jetzt ganz blass vor Zorn.

»Es sind nun Millionen Jahre, dass die Blumen Dornen hervorbringen. Es sind Millionen Jahre, dass die Schafe trotzdem die Blumen fressen. Und du findest es unwichtig, wenn man wissen möchte, warum sie sich so viel Mühe geben, Dornen hervorzubringen, die zu nichts nutz sind? Dieser Kampf der Schafe mit den Blumen soll unwichtig sein? Weniger ernsthaft als die Additionen eines dicken, roten Mannes? Und wenn ich eine Blume kenne, die es in der ganzen Welt nur ein einziges Mal gibt, nirgends anders als auf meinem kleinen Planeten, und wenn ein kleines Schaf, ohne zu wissen, was es tut, diese Blume eines Morgens so mit einem einzigen Biss auslöschen kann – das soll nicht wichtig sein?!«

Er wurde rot vor Erregung und fuhr fort:

»Wenn einer eine Blume liebt, die es nur ein einziges Mal gibt auf allen Millionen und Millionen

Sternen, dann genügt es ihm völlig, dass er zu ihnen hinaufschaut, um glücklich zu sein. Er sagt sich: Meine Blume ist da oben, irgendwo … Wenn aber das Schaf die Blume frisst, so ist es für ihn, als wären plötzlich alle Sterne ausgelöscht! Und das soll nicht wichtig sein?«

Er konnte nichts mehr sagen. Er brach plötzlich in Schluchzen aus. Die Nacht war hereingebrochen. Ich hatte mein Werkzeug weggelegt. Mein Hammer, mein Bolzen, der Durst und der Tod, alles war mir

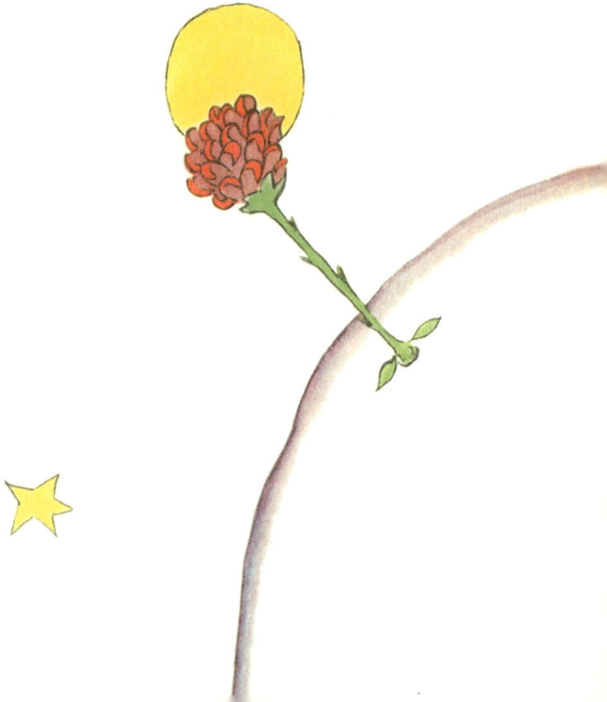

gleichgültig. Es galt auf einem Stern, einem Planeten, auf dem meinigen, hier auf der Erde, einen kleinen Prinzen zu trösten! Ich nahm ihn in die Arme. Ich wiegte ihn. Ich flüsterte ihm zu: »Die Blume, die du liebst, ist nicht in Gefahr … Ich werde ihm einen Maulkorb zeichnen, deinem Schaf … Ich werde dir einen Zaun für deine Blume zeichnen … Ich …« Ich wusste nicht, was ich noch sagen sollte. Ich kam mir sehr ungeschickt vor. Ich wusste nicht, wie ich zu ihm gelangen, wo ich ihn erreichen konnte … Es ist so geheimnisvoll, das Land der Tränen.

VIII

Bald sollte ich jene Blume besser kennen lernen. Es hatte auf dem Planeten des kleinen Prinzen immer schon Blumen gegeben, sehr einfache, aus einem einzigen Kranz von Blütenblättern geformt; sie spielten keine große Rolle und störten niemanden. Sie leuchteten eines Morgens im Grase auf und erloschen am Abend. Aber jene eine hatte eines Tages Wurzel geschlagen, aus einem Samen, weiß Gott woher, und der kleine Prinz hatte diesen Spross, der den andern Sprösslingen nicht glich, sehr genau überwacht. Das konnte eine neue Art Affenbrotbaum sein. Aber der Strauch hörte bald auf zu wachsen und begann, eine Blüte anzusetzen. Der kleine Prinz, der der Entwicklung einer riesigen Knospe beiwohnte, fühlte wohl, es müsse eine wunderbare Erscheinung aus ihr hervorgehen, aber die Blume wurde nicht fertig damit, sich in ihrer grünen Kammer auf ihre Schönheit vorzubereiten. Sie wählte ihre Farben mit Sorgfalt, sie zog sich langsam an, sie ordnete ihre Blütenblätter eins nach dem andern. Sie wollte nicht wie die Mohnblüten ganz zerknittert herauskommen. Sie wollte nicht früher erscheinen als im vollen Ornat ihrer Schönheit. Nun ja! sie wollte gefallen. Ihre geheimnisvolle Toilette hatte also Tage und Tage gedauert. Und dann, eines Mor-

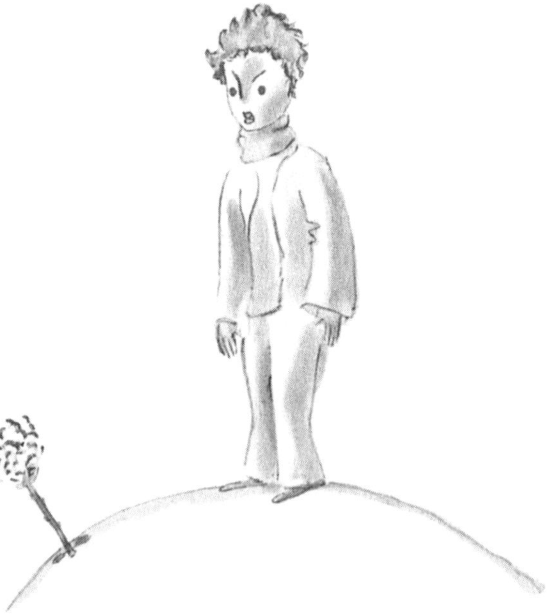

gens, gerade zur Stunde des Sonnenaufgangs, hatte sie sich enthüllt.

Und sie, die mit solcher Genauigkeit gearbeitet hatte, sagte gähnend:

»Ach! ich bin kaum aufgewacht … Ich bitte um Verzeihung … Ich bin noch ganz zerrauft …«

Da konnte der kleine Prinz seine Bewunderung nicht mehr verhalten:

»Wie schön Sie sind!«

»Nicht wahr?«, antwortete sanft die Blume. »Und ich bin zugleich mit der Sonne geboren …«

Der kleine Prinz erriet wohl, dass sie nicht allzu bescheiden war, aber sie war so rührend!

»Ich glaube, es ist Zeit zum Frühstücken«, hatte sie bald hinzugefügt. »Hätten Sie die Güte, an mich zu denken?«

Und völlig verwirrt hatte der kleine Prinz eine Gießkanne mit frischem Wasser geholt und die Blume begossen.

So hatte sie ihn sehr bald schon mit ihrer etwas scheuen Eitelkeit gequält. Eines Tages zum Beispiel, als sie von ihren vier Dornen sprach, hatte sie zum kleinen Prinzen gesagt:

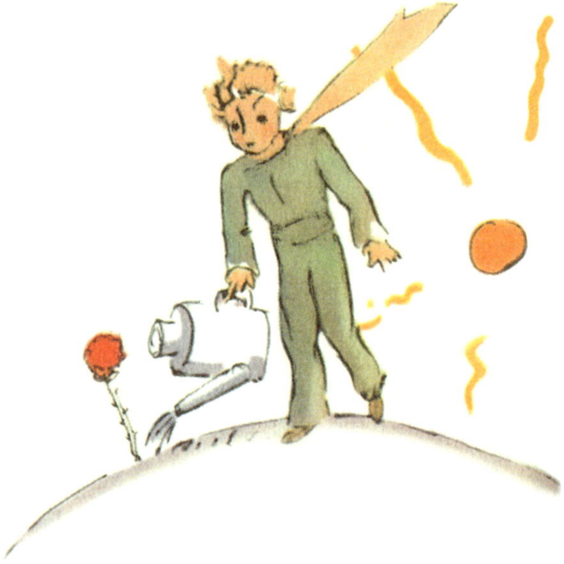

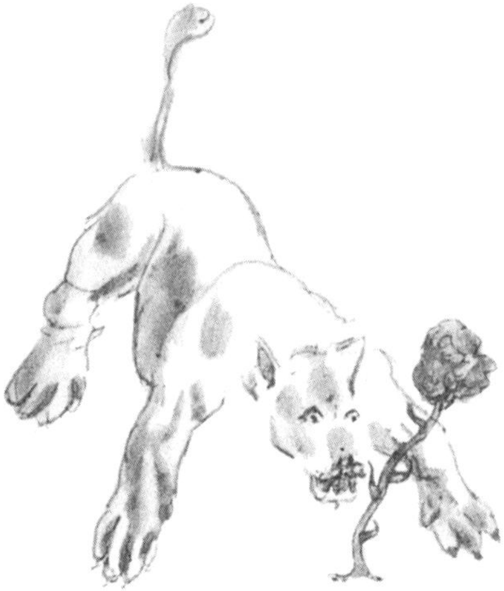

»Sie sollen nur kommen, die Tiger, mit ihren Krallen!«

»Es gibt keine Tiger auf meinem Planeten«, hatte der kleine Prinz eingewendet, »und die Tiger fressen auch kein Gras.«

»Ich bin kein Gras«, hatte die Blume sanft geantwortet.

»Verzeihen Sie mir …«

»Ich fürchte mich nicht vor den Tigern, aber mir graut vor der Zugluft. Hätten Sie keinen Wandschirm?«

Grauen vor Zugluft? … Das sind schlechte Aussichten für eine Pflanze, hatte der kleine Prinz festgestellt. Diese Blume ist recht schwierig …

»Am Abend werden Sie mich unter einen Glassturz stellen. Es ist sehr kalt bei Ihnen. Das ist schlecht eingerichtet. Da, wo ich herkomme …«

Aber sie hatte sich unterbrochen. Sie war in Form eines Samenkorns gekommen. Sie hatte nichts von den anderen Welten wissen können. Beschämt, sich bei einer so einfältigen Lüge ertappen zu lassen, hatte sie zwei- oder dreimal gehustet, um den kleinen Prinzen ins Unrecht zu setzen:

»Der Wandschirm …?«

»Ich wollte ihn gerade holen, aber Sie sprachen mit mir!«

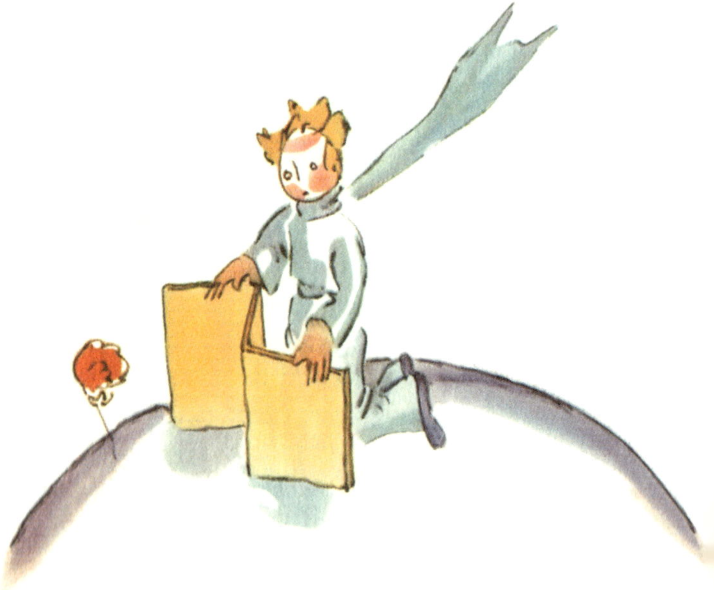

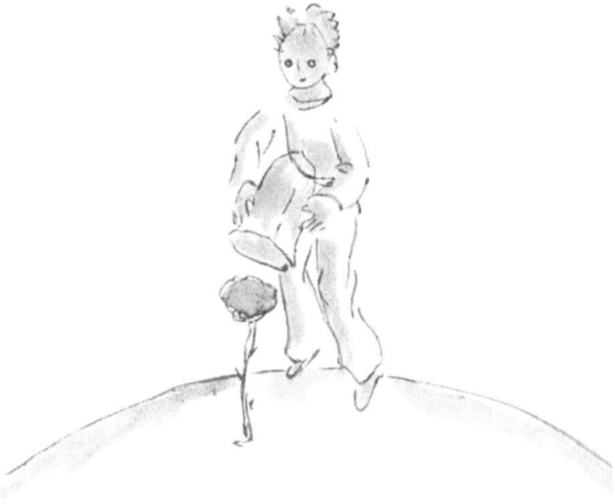

Dann hatte sie sich neuerlich zu ihrem Husten gezwungen, um ihm trotzdem Gewissensbisse aufzunötigen.

So hatte der kleine Prinz trotz seiner aufrichtigen Liebe rasch an ihr zu zweifeln begonnen, ihre belanglosen Worte bitterernst genommen und war sehr unglücklich geworden.

»Ich hätte nicht auf sie hören sollen«, gestand er mir eines Tages. »Man darf den Blumen nicht zuhören, man muss sie anschauen und einatmen. Die meine erfüllte den Planeten mit Duft, aber ich konnte seiner nicht froh werden. Diese Geschichte mit den Krallen, die mich so gereizt hat, hätte mich besser rühren sollen.«

Er vertraute mir noch an:

»Ich habe das damals nicht verstehen können! Ich hätte sie nach ihrem Tun und nicht nach ihren Worten beurteilen sollen. Sie duftete und glühte für mich. Ich hätte niemals fliehen sollen! Ich hätte hinter all den armseligen Schlichen ihre Zärtlichkeit erraten sollen. Die Blumen sind so widerspruchsvoll! Aber ich war zu jung, um sie lieben zu können.«

IX

Ich glaube, dass er zu seiner Flucht einen Zug wilder Vögel benutzt hat. Am Morgen seiner Abreise brachte er seinen Planeten schön in Ordnung. Sorgfältig fegte er seine tätigen Vulkane. Er besaß zwei tätige Vulkane, das war sehr praktisch zum Frühstückkochen. Er besaß auch einen erloschenen Vulkan. Da er sich aber sagte: Man kann nie wissen!, fegte er auch den erloschenen Vulkan. Wenn sie gut gefegt werden, brennen die Vulkane sanft und regelmäßig, ohne Ausbrüche. Die Ausbrüche der Vulkane sind nichts weiter als Kaminbrände. Es ist klar: Wir auf unserer Erde sind viel zu klein, um unsere Vulkane zu kehren. Deshalb machen sie uns so viel Verdruss.

Der kleine Prinz riss auch ein bisschen schwermütig die letzten Triebe des Affenbrotbaumes aus. Er glaubte nicht, dass er jemals zurückkehren würde. Aber alle diese vertrauten Arbeiten erschienen ihm an diesem Morgen ungemein süß. Und als er die Blume zum letzten Mal begoss und sich anschickte, sie unter den Schutz der Glasglocke zu stellen, entdeckte er in sich das Bedürfnis zu weinen.

»Adieu«, sagte er zur Blume.

Aber sie antwortete ihm nicht.

»Adieu«, wiederholte er.

Die Blume hustete. Aber das kam nicht von der Erkältung.

»Ich bin dumm gewesen«, sagte sie endlich zu ihm. »Ich bitte dich um Verzeihung. Versuche, glücklich zu sein.«

Es überraschte ihn, dass die Vorwürfe ausblieben. Er stand ganz fassungslos da, mit der Glasglocke in der Hand. Er verstand diese stille Sanftmut nicht.

»Aber ja, ich liebe dich«, sagte die Blume. »Du hast nichts davon gewusst. Das ist meine Schuld. Es ist ganz unwichtig. Aber du warst ebenso dumm wie ich. Versuche, glücklich zu sein … Lass diese Glasglocke liegen! Ich will sie nicht mehr …«

»Aber der Wind …«

»Ich bin nicht so stark erkältet, dass … Die frische Nachtluft wird mir guttun. Ich bin eine Blume.«

»Aber die Tiere …«

»Ich muss wohl zwei oder drei Raupen aushalten, wenn ich die Schmetterlinge kennen lernen will. Auch das scheint sehr schön zu sein. Wer wird mich sonst besuchen? Du wirst ja weit weg sein. Was aber die großen Tiere angeht, so fürchte ich mich nicht. Ich habe meine Krallen.«

Und sie zeigte treuherzig ihre vier Dornen. Dann fügte sie noch hinzu:

»Zieh es nicht so in die Länge, das ist ärgerlich. Du hast dich entschlossen zu reisen. So geh!«

Denn sie wollte nicht, dass er sie weinen sähe. Es war eine so stolze Blume.

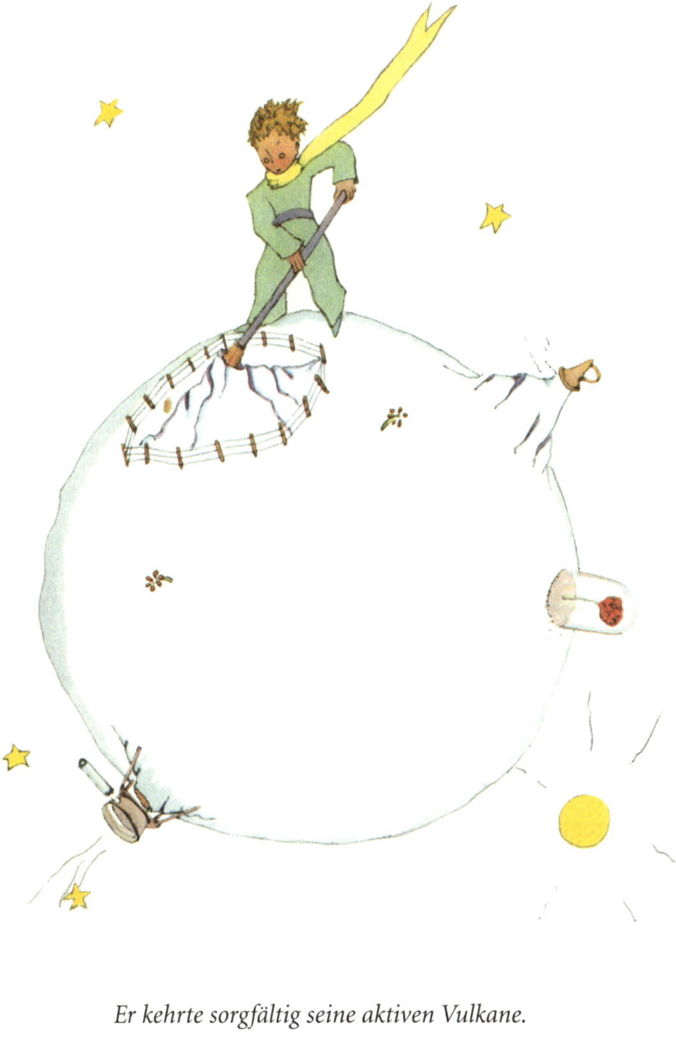

Er kehrte sorgfältig seine aktiven Vulkane.

X

Er befand sich in der Region der Asteroiden 325, 326, 327, 328, 329 und 330. Er begann also, sie zu besuchen, um sich zu beschäftigen und um sich zu bilden.

Auf dem ersten wohnte ein König.

Der König thronte in Purpur und Hermelin auf einem sehr einfachen und dabei sehr königlichen Thron.

»Ah! Sieh da, ein Untertan«, rief der König, als er den kleinen Prinzen sah.

Und der kleine Prinz fragte sich: Wie kann er mich kennen, da er mich noch nie gesehen hat?

Er wusste nicht, dass für die Könige die Welt etwas höchst Einfaches ist: Alle Menschen sind Untertanen.

»Komm näher, dass ich dich besser sehe«, sagte der König und war ganz stolz, dass er endlich für jemanden König war.

Der kleine Prinz schaute sich nach einer Sitzgelegenheit um, aber der ganze Planet war bedeckt von dem herrlichen Hermelinmantel.

Er blieb also stehen, und da er müde war, gähnte er.

»Es verstößt gegen die Etikette, in Gegenwart eines Königs zu gähnen«, sagte der Monarch. »Ich verbiete es dir.«

»Ich kann es nicht unterdrücken«, antwortete der kleine Prinz ganz verwirrt. »Ich habe eine weite Reise gemacht und habe nicht geschlafen …«

»Dann«, sagte der König, »befehle ich dir zu gähnen. Ich habe seit Jahren niemanden gähnen sehen, das Gähnen ist für mich eine Seltenheit. Los! gähne noch einmal! Es ist ein Befehl.«

»Das ängstigt mich, jetzt kann ich nicht mehr …«, stammelte der kleine Prinz und errötete.

»Hm, hm!«, antwortete der König. »Also dann … befehle ich dir, bald zu gähnen und bald …«

Er murmelte ein bisschen und schien verärgert. Denn der König war sehr darauf bedacht, dass seine Autorität respektiert werde. Er duldete keinen Ungehorsam. Er war ein absoluter Monarch. Aber da er auch sehr gütig war, gab er vernünftige Befehle. »Wenn ich geböte«, pflegte er zu sagen, »wenn ich einem General geböte, sich in einen Seevogel zu verwandeln, und wenn dieser General nicht gehorchte, es wäre nicht die Schuld des Generals. Es wäre meine Schuld.«

»Darf ich mich setzen?«, fragte schüchtern der kleine Prinz.

»Ich befehle dir, dich zu setzen«, antwortete der König und zog einen Zipfel seines Hermelinmantels majestätisch an sich heran.

Aber der kleine Prinz staunte. Der Planet war winzig klein. Worüber konnte der König wohl herrschen?

»Herr …«, sagte er zu ihm, »ich bitte, verzeiht mir, dass ich Euch frage …«

»Ich befehle dir, mich zu fragen«, beeilte sich der König zu sagen.

»Herr …, worüber herrscht Ihr?«

»Über alles«, antwortete der König mit großer Einfachheit.

»Über alles?«

Der König wies mit einer bedeutsamen Gebärde auf seinen Planeten, auf die anderen Planeten und auf die Sterne.

»Über all das?«, sagte der kleine Prinz.

»Über all das …«, antwortete der König.

Denn er war nicht nur ein absoluter Monarch, sondern ein universeller.

»Und die Sterne gehorchen Euch?«

»Gewiss«, sagte der König. »Sie gehorchen aufs Wort. Ich dulde keinen Ungehorsam.«

Solche Macht verwunderte den kleinen Prinzen sehr. Wenn er sie selbst gehabt hätte, wäre es ihm möglich gewesen, nicht dreiundvierzig, sondern zweiundsiebzig oder sogar hundert oder selbst zweihundert Sonnenuntergängen an ein und demselben Tage beizuwohnen, ohne dass er seinen Sessel hätte rücken müssen. Und da er sich in der Erinnerung an seinen kleinen verlassenen Planeten ein bisschen traurig fühlte, fasste sich der kleine Prinz ein Herz und bat den König um eine Gnade:

»Ich möchte einen Sonnenuntergang sehen …

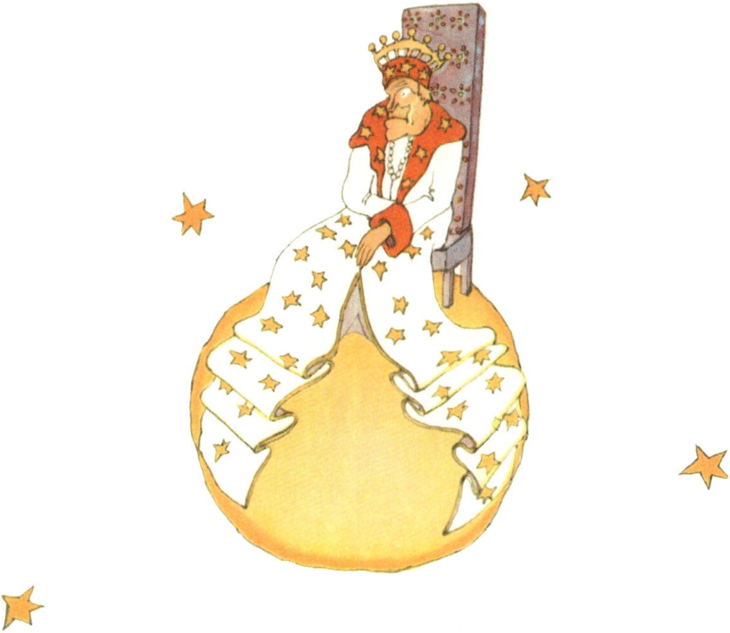

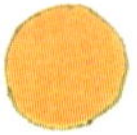

Machen Sie mir die Freude … Befehlen Sie der Sonne unterzugehen …«

»Wenn ich einem General geböte, nach der Art der Schmetterlinge von einer Blume zur andern zu fliegen oder eine Tragödie zu schreiben oder sich in einen Seevogel zu verwandeln, und wenn dieser

General den erhaltenen Befehl nicht ausführte, wer wäre im Unrecht, er oder ich?«

»Sie wären es«, sagte der kleine Prinz überzeugt.

»Richtig. Man muss von jedem fordern, was er leisten kann«, antwortete der König. »Die Autorität beruht vor allem auf der Vernunft. Wenn du deinem Volk befiehlst zu marschieren und sich ins Meer zu stürzen, wird es revoltieren. Ich habe das Recht, Gehorsam zu fordern, weil meine Befehle vernünftig sind.«

»Was ist also mit meinem Sonnenuntergang?«, erinnerte der kleine Prinz, der niemals eine Frage vergaß, wenn er sie einmal gestellt hatte.

»Deinen Sonnenuntergang wirst du haben. Ich werde ihn befehlen. Aber in meiner Herrscherweisheit werde ich warten, bis die Bedingungen dafür günstig sind.«

»Wann wird das sein?«, erkundigte sich der kleine Prinz.

»Hm, hm!«, antwortete der König, der zunächst einen großen Kalender studierte, »hm, hm! das wird sein gegen … gegen … das wird heute Abend gegen sieben Uhr vierzig sein! Und du wirst sehen, wie man mir gehorcht.«

Der kleine Prinz gähnte. Es tat ihm leid um den versäumten Sonnenuntergang. Er langweilte sich schon ein bisschen.

»Ich habe hier nichts mehr zu tun«, sagte er zum König. »Ich werde wieder abreisen!«

»Reise nicht ab«, antwortete der König, der so stolz war, einen Untertanen zu haben, »ich mache dich zum Minister!«

»Zu was für einem Minister?«

»Zum ... zum Justizminister!«

»Aber es ist niemand da, über den man richten könnte!«

»Das weiß man nicht«, sagte der König. »Ich habe die Runde um mein Königreich noch nicht gemacht. Ich bin sehr alt, ich habe keinen Platz für einen Wagen, und das Gehen macht mich müde.«

»Oh! Aber ich habe schon gesehen«, sagte der kleine Prinz, der sich bückte, um einen Blick auf die andere Seite des Planeten zu werfen, »es ist auch dort drüben niemand ...«

»Du wirst also über dich selbst richten«, antwortete ihm der König. »Das ist das Schwerste. Es ist viel schwerer, sich selbst zu verurteilen, als über andere zu richten. Wenn es dir gelingt, über dich selbst gut zu Gericht zu sitzen, dann bist du ein wirklicher Weiser.«

»Ich«, sagte der kleine Prinz, »ich kann über mich richten, wo immer ich bin. Dazu brauche ich nicht hier zu wohnen.«

»Hm, hm!«, sagte der König, »ich glaube, dass es auf meinem Planeten irgendwo eine alte Ratte gibt. Ich höre sie in der Nacht. Du könntest Richter über diese alte Ratte sein. Du wirst sie von Zeit zu Zeit zum Tode verurteilen. So wird ihr Leben von deiner

Rechtsprechung abhängen. Aber du wirst sie jedes Mal begnadigen, um sie aufzusparen. Es gibt nur eine.«

»Ich liebe es nicht, zum Tode zu verurteilen«, antwortete der kleine Prinz, »und ich glaube wohl, dass ich jetzt gehe.«

»Nein«, sagte der König.

Aber der kleine Prinz, der seine Vorbereitungen bereits getroffen hatte, wollte dem alten Monarchen nicht weh tun:

»Wenn Eure Majestät Wert auf pünktlichen Gehorsam legen, könnten Sie mir einen vernünftigen Befehl erteilen. Sie könnten mir zum Beispiel befehlen, innerhalb einer Minute zu verschwinden. Es scheint mir, dass die Umstände günstig sind …«

Da der König nichts erwiderte, zögerte der kleine Prinz zuerst, dann brach er mit einem Seufzer auf.

»Ich mache dich zu meinem Gesandten«, beeilte sich der König, ihm nachzurufen.

Er gab sich den Anschein großer Autorität.

Die großen Leute sind sehr sonderbar, sagte sich der kleine Prinz auf seiner Reise.

XI

Der zweite Planet war von einem Eitlen bewohnt.

»Ah, ah, schau, schau, ein Bewunderer kommt zu Besuch!«, rief der Eitle von weitem, sobald er des kleinen Prinzen ansichtig wurde. Denn für die Eitlen sind die anderen Leute Bewunderer.

»Guten Tag«, sagte der kleine Prinz. »Sie haben einen spaßigen Hut auf.«

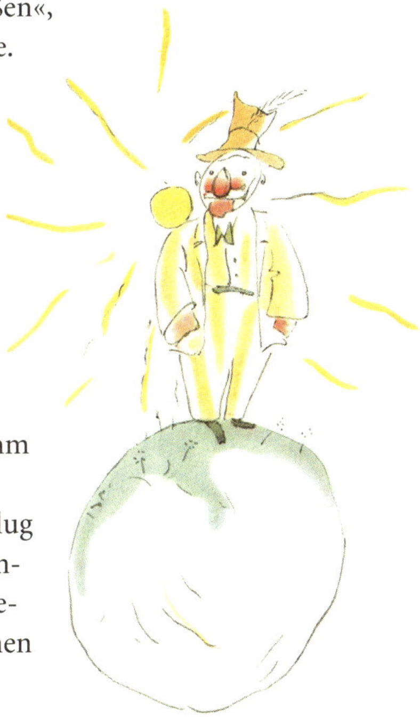

»Der ist zum Grüßen«, antwortete ihm der Eitle. »Er ist zum Grüßen, wenn man mir zujauchzt. Unglücklicherweise kommt hier niemand vorbei.«

»Ach ja?«, sagte der kleine Prinz, der nichts davon begriff.

»Schlag deine Hände zusammen«, empfahl ihm der Eitle.

Der kleine Prinz schlug seine Hände gegeneinander. Der Eitle grüßte bescheiden, indem er seinen Hut lüftete.

Das ist unterhaltender als der Besuch beim König, sagte sich der kleine Prinz.

Und er begann von neuem die Hände zusammenzuschlagen. Der Eitle wieder fuhr fort, seinen Hut grüßend zu lüften.

Nach fünf Minuten wurde der kleine Prinz der Eintönigkeit dieses Spiels überdrüssig.

»Und was muss man tun«, fragte er, »damit der Hut herunterfällt?«

Aber der Eitle hörte ihn nicht. Die Eitlen hören immer nur die Lobreden.

»Bewunderst du mich wirklich sehr?«, fragte er den kleinen Prinzen.

»Was heißt ›bewundern‹?«

»Bewundern heißt erkennen, dass ich der schönste, der bestangezogene, der reichste und der intelligenteste Mensch des Planeten bin.«

»Aber du bist doch allein auf deinem Planeten!«

»Mach mir die Freude, bewundere mich trotzdem!«

»Ich bewundere dich«, sagte der kleine Prinz, indem er ein bisschen die Schultern hob, »aber wozu nimmst du das wichtig?«

Und der kleine Prinz machte sich davon.

Die großen Leute sind entschieden sehr verwunderlich, stellte er auf seiner Reise fest.

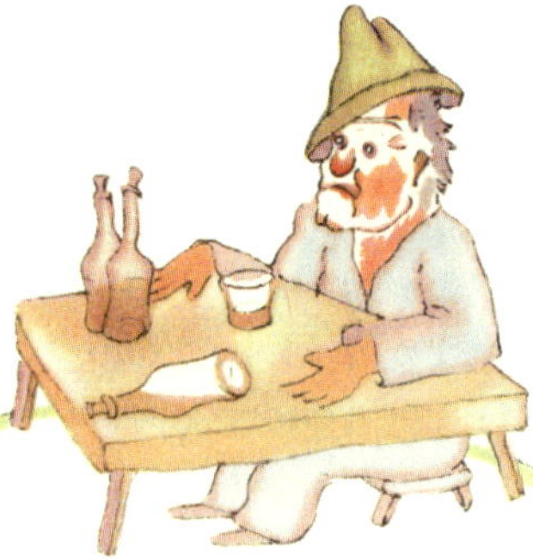

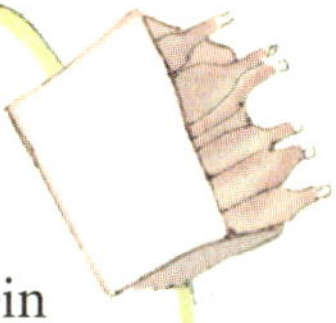

XII

Den nächsten Planeten bewohnte ein Säufer. Dieser Besuch war sehr kurz, aber er tauchte den kleinen Prinzen in eine tiefe Schwermut.

»Was machst du da?«, fragte er den Säufer, den er stumm vor einer Reihe leerer und einer Reihe voller Flaschen sitzend antraf.

»Ich trinke«, antwortete der Säufer mit düsterer Miene.

»Warum trinkst du?«, fragte ihn der kleine Prinz.

»Um zu vergessen«, antwortete der Säufer.

»Um was zu vergessen?«, erkundigte sich der kleine Prinz, der ihn schon bedauerte.

»Um zu vergessen, dass ich mich schäme«, gestand der Säufer und senkte den Kopf.

»Weshalb schämst du dich?«, fragte der kleine Prinz, der den Wunsch hatte, ihm zu helfen.

»Weil ich saufe!«, endete der Säufer und verschloss sich endgültig in sein Schweigen.

Und der kleine Prinz verschwand bestürzt.

Die großen Leute sind entschieden sehr, sehr wunderlich, sagte er zu sich auf seiner Reise.

XIII

Der vierte Planet war der des Geschäftsmannes. Dieser Mann war so beschäftigt, dass er bei der Ankunft des kleinen Prinzen nicht einmal den Kopf hob.

»Guten Tag«, sagte dieser zu ihm. »Ihre Zigarette ist ausgegangen.«

»Drei und zwei ist fünf. Fünf und sieben ist zwölf. Zwölf und drei ist fünfzehn. Guten Tag. Fünfzehn und sieben ist zweiundzwanzig. Zweiundzwanzig und sechs ist achtundzwanzig. Keine Zeit, sie wieder anzuzünden. Sechsundzwanzig und fünf ist einunddreißig. Uff! Das macht also fünfhunderteine Million sechshundertzweiundzwanzigtausendsiebenhunderteinunddreißig.«

»Fünfhundert Millionen wovon?«

»Wie? Du bist immer noch da? Fünfhunderteine Million von … ich weiß nicht mehr … ich habe so viel Arbeit! Ich bin ein ernsthafter Mann, ich gebe mich nicht mit Kindereien ab. Zwei und fünf ist sieben …«

»Fünfhunderteine Million wovon?«, wiederholte der kleine Prinz, der niemals in seinem Leben auf eine Frage verzichtete, die er einmal gestellt hatte.

Der Geschäftsmann hob den Kopf.

»In den vierundfünfzig Jahren, die ich auf diesem

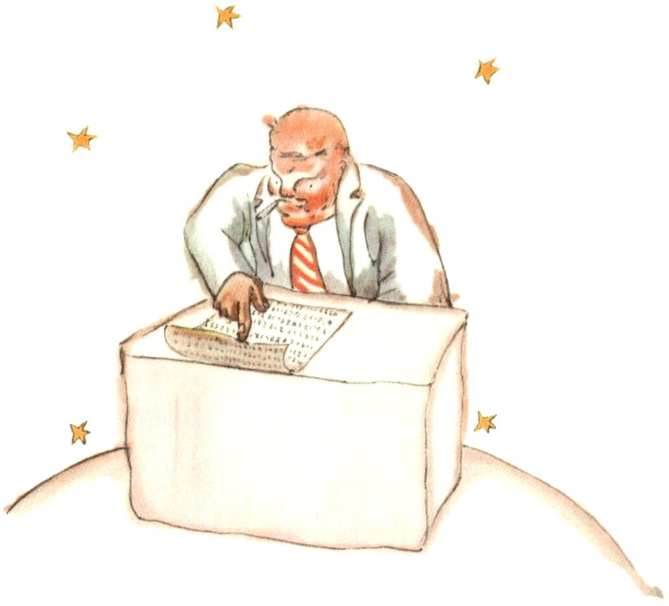

Planeten da wohne, bin ich nur dreimal gestört worden. Das erste Mal war es vor zweiundzwanzig Jahren ein Maikäfer, der von weiß Gott wo heruntergefallen war. Er machte einen schrecklichen Lärm und ich habe in einer Addition vier Fehler gemacht. Das zweite Mal, vor elf Jahren, war es ein Anfall von Rheumatismus. Es fehlt mir an Bewegung. Ich habe nicht Zeit herumzubummeln. Ich bin ein ernsthafter Mann. Und das ist nun das dritte Mal! Ich sagte also, fünfhunderteine Million …«

»Millionen wovon?«

Der Geschäftsmann begriff, dass es keine Aussicht auf Frieden gab:

»Millionen von diesen kleinen Dingern, die man manchmal am Himmel sieht.«

»Fliegen?«

»Aber nein, kleine Dinger, die glänzen.«

»Bienen?«

»Aber nein. Kleine goldene Dinger, von denen die Nichtstuer träumerisch werden. Ich bin ein ernsthafter Mann. Ich habe keine Zeit für Träumereien.«

»Ach, die Sterne?«

»Dann sind es wohl die Sterne.«

»Und was machst du mit fünfhundert Millionen Sternen?«

»Fünfhunderteine Million sechshundertzweiundzwanzigtausendsiebenhunderteinunddreißig. Ich bin ein ernsthafter Mann, ich nehme es genau.«

»Und was machst du mit diesen Sternen?«

»Was ich damit mache?«

»Ja.«

»Nichts. Ich besitze sie.«

»Du besitzt die Sterne?«

»Ja.«

»Aber ich habe schon einen König gesehen, der …«

»Die Könige besitzen nicht, sie ›regieren über‹. Das ist etwas ganz anderes.«

»Und was hast du davon, die Sterne zu besitzen?«

»Das macht mich reich.«

»Und was hast du vom Reichsein?«

»Weitere Sterne kaufen, wenn jemand welche findet.«

Der da, sagte sich der kleine Prinz, denkt ein bisschen wie mein Säufer.

Indessen stellte er noch weitere Fragen:

»Wie kann man die Sterne besitzen?«

»Wem gehören sie?«, erwiderte mürrisch der Geschäftsmann.

»Ich weiß nicht. Niemandem.«

»Dann gehören sie mir, ich habe als Erster daran gedacht.«

»Das genügt?«

»Gewiss. Wenn du einen Diamanten findest, der niemandem gehört, dann ist er dein. Wenn du eine Insel findest, die niemandem gehört, so ist sie dein. Wenn du als Erster einen Einfall hast und du lässt ihn patentieren, so ist er dein. Und ich, ich besitze die Sterne, da niemand vor mir daran gedacht hat, sie zu besitzen.«

»Das ist wahr«, sagte der kleine Prinz. »Und was machst du damit?«

»Ich verwalte sie. Ich zähle sie und zähle sie wieder«, sagte der Geschäftsmann. »Das ist nicht leicht. Aber ich bin ein ernsthafter Mann.«

Der kleine Prinz war noch nicht zufrieden.

»Wenn ich einen Seidenschal habe, kann ich ihn um meinen Hals wickeln und mitnehmen. Wenn ich eine Blume habe, kann ich meine Blume pflücken und mitnehmen. Aber du kannst die Sterne nicht pflücken!«

»Nein, aber ich kann sie in die Bank legen.«

»Was soll das heißen?«

»Das heißt, dass ich die Zahl meiner Sterne auf ein kleines Papier schreibe. Und dann sperre ich dieses Papier in eine Schublade.«

»Und das ist alles?«

»Das genügt.«

Das ist amüsant, dachte der kleine Prinz. Es ist fast dichterisch. Aber es ist nicht ganz ernst zu nehmen.

Der kleine Prinz dachte über die ernsthaften Dinge völlig anders als die großen Leute.

»Ich«, sagte er noch, »ich besitze eine Blume, die ich jeden Tag begieße. Ich besitze drei Vulkane, die ich jede Woche kehre. Denn ich kehre auch den erloschenen. Man kann nie wissen. Es ist gut für meine Vulkane und gut für meine Blume, dass ich sie besitze. Aber du bist für die Sterne zu nichts nütze …«

Der Geschäftsmann öffnete den Mund, aber er fand keine Antwort, und der kleine Prinz verschwand.

Die großen Leute sind entschieden ganz ungewöhnlich, sagte er sich auf der Reise.

XIV

Der fünfte Planet war sehr sonderbar. Er war der kleinste von allen. Es war da gerade Platz genug für eine Straßenlaterne und einen Laternenanzünder. Der kleine Prinz konnte sich nicht erklären, wozu man irgendwo im Himmel, auf einem Planeten ohne Haus und ohne Bewohner, eine Straßenlaterne und einen Laternenanzünder braucht. Doch sagte er sich:

Es kann ganz gut sein, dass dieser Mann ein bisschen verrückt ist. Doch ist er weniger verrückt als der König, der Eitle, der Geschäftsmann und der Säufer. Seine Arbeit hat wenigstens einen Sinn. Wenn er seine Laterne anzündet, so ist es, als setzte er einen neuen Stern in die Welt, oder eine Blume. Wenn er seine Laterne auslöscht, so schlafen Stern oder Blume ein. Das ist eine sehr hübsche Beschäftigung. Es ist auch wirklich nützlich, da es hübsch ist.

Als er auf dem Planeten ankam, grüßte er den Laternenanzünder ehrerbietig.

»Guten Tag. Warum hast du deine Laterne eben ausgelöscht?«

»Ich habe die Weisung«, antwortete der Laternenanzünder. »Guten Tag.«

»Was ist das, ›die Weisung‹?«

»Die Weisung, meine Laterne auszulöschen. Guten Abend.«

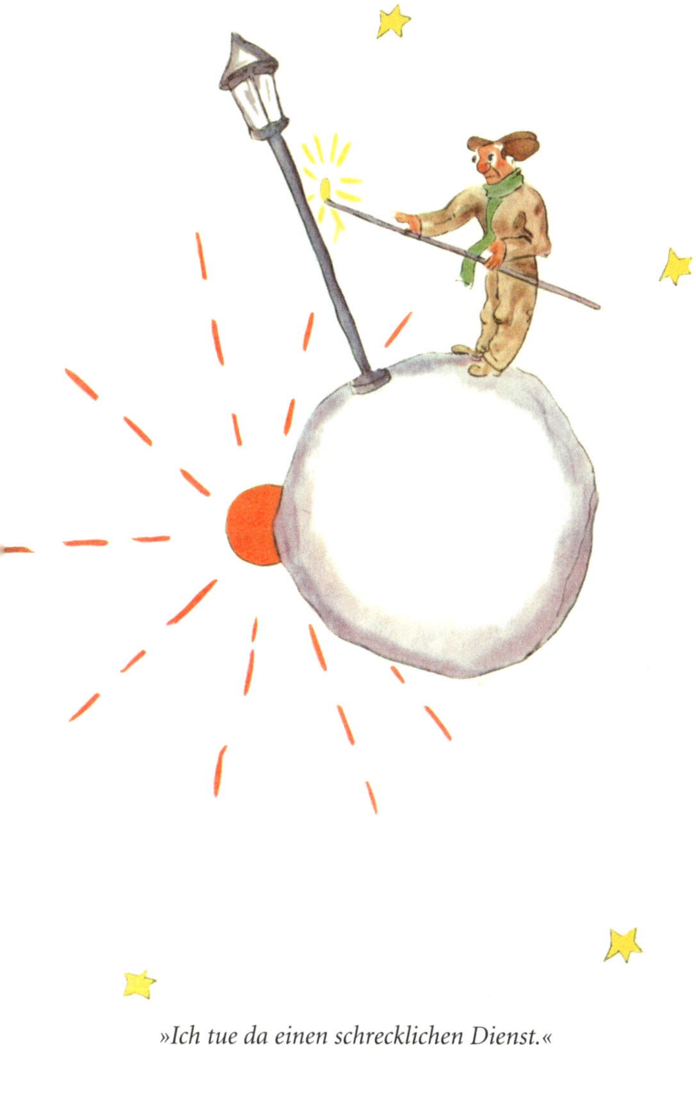

»Ich tue da einen schrecklichen Dienst.«

Und er zündete sie wieder an.

»Aber warum hast du sie soeben wieder angezündet?«

»Das ist die Weisung«, antwortete der Anzünder.

»Ich verstehe nicht«, sagte der kleine Prinz.

»Da ist nichts zu verstehen«, sagte der Anzünder. »Die Weisung ist eben die Weisung. Guten Tag.«

Und er löschte seine Laterne wieder aus.

Dann trocknete er sich die Stirn mit einem rotkarierten Taschentuch.

»Ich tue da einen schrecklichen Dienst. Früher ging es vernünftig zu. Ich löschte am Morgen aus und zündete am Abend an. Den Rest des Tages hatte ich zum Ausruhen und den Rest der Nacht zum Schlafen …«

»Und seit damals wurde die Weisung geändert?«

»Die Weisung wurde nicht geändert«, sagte der Anzünder. »Das ist ja das Trauerspiel! Der Planet hat sich von Jahr zu Jahr schneller und schneller gedreht und die Weisung ist die gleiche geblieben!«

»Und?«, sagte der kleine Prinz.

»Und jetzt, da er in der Minute eine Umdrehung macht, habe ich nicht mehr eine Sekunde Ruhe. Jede Minute zünde ich einmal an, lösche ich einmal aus!«

»Das ist lustig! Die Tage dauern bei dir eine Minute!«

»Das ist ganz und gar nicht lustig«, sagte der Anzünder. »Das ist nun schon ein Monat, dass wir miteinander sprechen.«

»Ein Monat?«

»Ja, dreißig Minuten. Dreißig Tage! Guten Abend.«

Und er zündete seine Laterne wieder an.

Der kleine Prinz sah ihm zu und er liebte diesen Anzünder, der sich so treu an seine Weisung hielt. Er erinnerte sich der Sonnenuntergänge, denen er früher nachging, indem er seinen Sessel weiterrückte. Er wollte seinem Freund beispringen:

»Weißt du … ich kenne ein Mittel, wie du dich ausruhen könntest, wenn du wolltest …«

»Ich will immer«, sagte der Anzünder.

Denn man kann treu und faul zugleich sein.

Der kleine Prinz fuhr fort:

»Dein Planet ist so klein, dass du mit drei Sprüngen herumkommst. Du musst nur langsam genug gehen, um immer in der Sonne zu bleiben. Willst du dich ausruhen, dann gehst du … und der Tag wird so lange dauern, wie du willst.«

»Das hat nicht viel Witz«, sagte der Anzünder, »was ich im Leben liebe, ist der Schlaf.«

»Dann ist es aussichtslos«, sagte der kleine Prinz.

»Aussichtslos«, sagte der Anzünder. »Guten Tag.«

Und er löschte seine Lampe aus.

Der, sagte sich der kleine Prinz, während er seine Reise fortsetzte, der wird von allen andern verachtet werden, vom König, vom Eitlen, vom Säufer, vom Geschäftsmann. Dabei ist er der Einzige, den ich nicht lächerlich finde. Vielleicht deswegen, weil er sich mit anderen Dingen beschäftigt statt mit sich selbst.

Er stieß einen Seufzer des Bedauerns aus und sagte sich noch:

Der ist der Einzige, den ich zu meinem Freund hätte machen können. Aber sein Planet ist wirklich zu klein. Es ist kein Platz für zwei …

Was sich der kleine Prinz nicht einzugestehen wagte, war, dass er diesem gesegneten Planeten nachtrauerte, besonders der tausendvierhundertvierzig Sonnenuntergänge wegen, in vierundzwanzig Stunden!

XV

Der sechste Planet war zehnmal so groß. Er war von einem alten Herrn bewohnt, der ungeheure Bücher schrieb.

»Da schau! Ein Forscher!«, rief er, als er den kleinen Prinzen sah.

Der kleine Prinz setzte sich an den Tisch und verschnaufte ein wenig. Er war schon so viel gereist!

»Woher kommst du?«, fragte ihn der alte Herr.

»Was ist das für ein dickes Buch?«, sagte der kleine Prinz. »Was machen Sie da?«

»Ich bin Geograf«, sagte der alte Herr.

»Was ist das, ›ein Geograf‹?«

»Das ist ein Gelehrter, der weiß, wo sich die Meere, die Ströme, die Städte, die Berge und die Wüsten befinden.«

»Das ist sehr interessant«, sagte der kleine Prinz. »Endlich ein richtiger Beruf!«

Und er warf einen Blick um sich auf den Planeten des Geografen. Er hatte noch nie einen so majestätischen Planeten gesehen.

»Er ist sehr schön, Euer Planet. Gibt es da auch Ozeane?«

»Das kann ich nicht wissen«, sagte der Geograf.

»Ach!« Der kleine Prinz war enttäuscht. »Und Berge?«

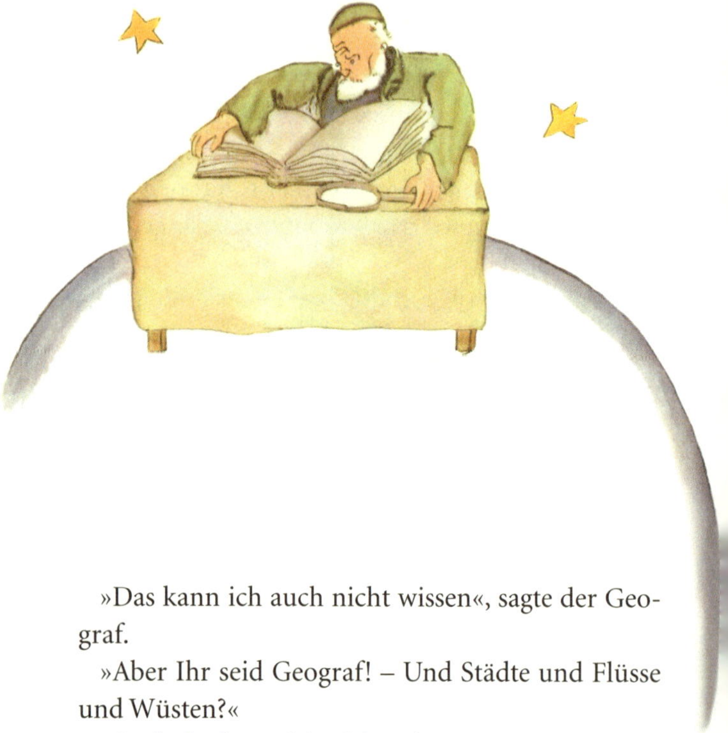

»Das kann ich auch nicht wissen«, sagte der Geograf.

»Aber Ihr seid Geograf! – Und Städte und Flüsse und Wüsten?«

»Auch das kann ich nicht wissen.«

»Aber Ihr seid doch Geograf!«

»Richtig«, sagte der Geograf, »aber ich bin nicht Forscher. Es fehlt uns gänzlich an Forschern. Nicht der Geograf geht die Städte, die Ströme, die Berge, die Meere, die Ozeane und die Wüsten zählen. Der Geograf ist zu wichtig, um herumzustreunen. Er verlässt seinen Schreibtisch nicht. Aber er empfängt die Forscher. Er befragt sie und schreibt sich ihre Eindrücke auf. Und wenn ihm die Notizen eines

Forschers beachtenswert erscheinen, lässt der Geograf über dessen Moralität eine amtliche Untersuchung anstellen.«

»Warum das?«

»Weil ein Forscher, der lügt, in den Geografiebüchern Katastrophen herbeiführen würde. Und auch ein Forscher, der zu viel trinkt.«

»Wie das?«, fragte der kleine Prinz.

»Weil die Säufer doppelt sehen. Der Geograf würde dann zwei Berge einzeichnen, wo nur ein einziger vorhanden ist.«

»Ich kenne einen«, sagte der kleine Prinz, »der wäre ein schlechter Forscher.«

»Das ist möglich. Doch wenn die Moralität des Forschers gut zu sein scheint, macht man eine Untersuchung über seine Entdeckung.«

»Geht man nachsehen?«

»Nein. Das ist zu umständlich. Aber man verlangt vom Forscher, dass er Beweise liefert. Wenn es sich zum Beispiel um die Entdeckung eines großen Berges handelt, verlangt man, dass er große Steine mitbringt.«

Plötzlich ereiferte sich der Geograf.

»Und du, du kommst von weit her! Du bist ein Forscher! Du wirst mir deinen Planeten beschreiben!«

Und der Geograf schlug sein Registrierbuch auf und spitzte seinen Bleistift.

Zuerst notiert man die Erzählungen der Forscher

mit Bleistift. Um sie mit Tinte aufzuschreiben, wartet man, bis der Forscher Beweise geliefert hat.

»Nun?«, fragte der Geograf.

»Oh, bei mir zu Hause«, sagte der kleine Prinz, »ist nicht viel los, da ist es ganz klein. Ich habe drei Vulkane. Zwei Vulkane in Tätigkeit und einen erloschenen. Aber man kann nie wissen.«

»Man weiß nie«, sagte der Geograf.

»Ich habe auch eine Blume.«

»Wir schreiben die Blumen nicht auf«, sagte der Geograf.

»Warum das? Sie sind das Schönste!«

»Weil die Blumen vergänglich sind.«

»Was heißt ›vergänglich‹?«

»Die Geografiebücher«, entgegnete der Geograf, »sind die wertvollsten von allen Büchern. Sie veralten nie. Es ist sehr selten, dass ein Berg seinen Platz wechselt. Es ist sehr selten, dass ein Ozean seine Wasser ausleert. Wir schreiben die ewigen Dinge auf.«

»Aber die erloschenen Vulkane können wieder aufwachen«, unterbrach der kleine Prinz. »Was bedeutet ›vergänglich‹?«

»Ob die Vulkane erloschen oder tätig sind, kommt für uns aufs Gleiche hinaus«, sagte der Geograf. »Was für uns zählt, ist der Berg. Er verändert sich nicht.«

»Aber was bedeutet ›vergänglich‹?«, wiederholte der kleine Prinz, der in seinem Leben noch nie auf eine einmal gestellte Frage verzichtet hatte.

»Das heißt ›von baldigem Entschwinden bedroht‹.«

»Ist meine Blume von baldigem Entschwinden bedroht?«

»Gewiss.«

Meine Blume ist vergänglich, sagte sich der kleine Prinz, und sie hat nur vier Dornen, um sich gegen die Welt zu wehren! Und ich habe sie ganz allein zu Hause zurückgelassen!

Das war seine erste Regung von Reue. Aber er fasste wieder Mut.

»Was raten Sie mir, wohin ich gehen soll?«, fragte er.

»Auf den Planeten Erde«, antwortete der Geograf, »er hat einen guten Ruf ...«

Und der kleine Prinz machte sich auf und dachte an seine Blume.

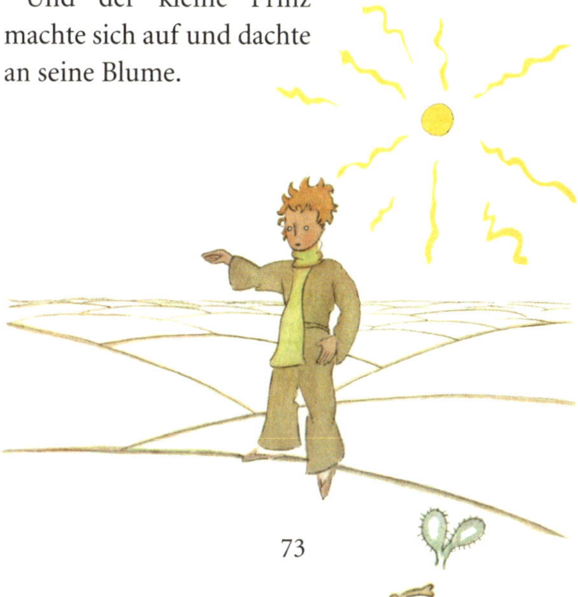

XVI

Der siebente Planet war also die Erde.

Die Erde ist nicht irgendein Planet! Man zählt da hundertelf Könige, wenn man, wohlgemerkt, die Negerkönige nicht vergisst, siebentausend Geografen, neunhunderttausend Geschäftsleute, siebeneinhalb Millionen Säufer, dreihundertelf Millionen Eitle, kurz – ungefähr zwei Milliarden erwachsene Leute.

Um euch einen Begriff von den Ausmaßen der Erde zu geben, muss ich euch sagen, dass man vor der Erfindung der Elektrizität dort auf allen sechs Kontinenten zusammen eine ganze Armee von vierhundertzweiundsechzigtausendfünfhundertelf Laternenanzündern im Dienst hatte.

Von einiger Entfernung aus gesehen, wirkte das prächtig. Die Bewegungen dieser Armee waren gedrillt wie die eines Opernballetts. Den Reigen begannen die Anzünder der neuseeländischen und australischen Laternen. Hatten sie ihre Lampen angezündet, gingen sie schlafen. Dann traten die Laternenanzünder von China und Sibirien zum Tanz an. Auch sie verschwanden hinter den Kulissen. Dann kamen die russischen und indischen Laternenanzünder an die Reihe. Dann die von Afrika und Europa. Dann die von Südamerika. Dann die von

Nordamerika. Und niemals irrten sie sich in der Reihenfolge ihres Auftritts. Es war großartig.

Nur der Anzünder der einzigen Laterne am Nordpol und sein Kollege von der einzigen Laterne am Südpol führten ein Leben voll Müßiggang und Gemütlichkeit: Sie arbeiteten zweimal im Jahr.

XVII

Will man geistreich sein, dann kommt es vor, dass man ein bisschen aufschneidet. Ich war nicht ganz aufrichtig, als ich euch von den Laternenanzündern erzählte. Ich laufe Gefahr, denen, die unseren Planeten nicht kennen, ein falsches Bild von ihm zu geben. Die Menschen benutzen nur sehr wenig Raum auf der Erde. Wenn die zwei Milliarden Einwohner, die die Erde bevölkern, sich aufrecht und ein bisschen gedrängt hinstellten, wie bei einer Volksversammlung etwa, kämen sie auf einem öffentlichen Platz von zwanzig Meilen Länge und zwanzig Meilen Breite leicht unter. Man könnte die Menschheit auf der geringsten kleinen Insel des Pazifischen Ozeans zusammenpferchen.

Die großen Leute werden euch das freilich nicht glauben. Sie bilden sich ein, viel Platz zu brauchen. Sie nehmen sich wichtig wie Affenbrotbäume. Gebt ihnen also den Rat, sich es auszurechnen. Sie beten die Zahlen an, das wird ihnen gefallen. Aber ihr sollt eure Zeit nicht damit verlieren. Es ist zwecklos. Ihr habt Vertrauen zu mir.

Einmal auf der Erde, wunderte sich der kleine Prinz, niemanden zu sehen. Er fürchtete schon, sich im Planeten geirrt zu haben, als ein mondfarbener Ring sich im Sande bewegte.

»Gute Nacht«, sagte der kleine Prinz aufs Geratewohl.

»Gute Nacht«, sagte die Schlange.

»Auf welchen Planeten bin ich gefallen?«, fragte der kleine Prinz.

»Auf die Erde, du bist in Afrika«, antwortete die Schlange.

»Ah! … es ist also niemand auf der Erde?«

»Hier ist die Wüste. In den Wüsten ist niemand. Die Erde ist groß«, sagte die Schlange.

Der kleine Prinz setzte sich auf einen Stein und hob die Augen zum Himmel.

»Ich frage mich«, sagte er, »ob die Sterne leuchten, damit jeder eines Tages den seinen wiederfinden kann. Schau meinen Planeten an. Er steht gerade über uns … Aber wie weit ist er fort!«

»Er ist schön«, sagte die Schlange. »Was willst du hier machen?«

»Ich habe Schwierigkeiten mit einer Blume«, sagte der kleine Prinz.

»Ah!«, sagte die Schlange.

Und sie schwiegen.

»Wo sind die Menschen?«, fuhr der kleine Prinz endlich fort. »Man ist ein bisschen einsam in der Wüste …«

»Man ist auch bei den Menschen einsam«, sagte die Schlange.

Der kleine Prinz sah sie lange an.

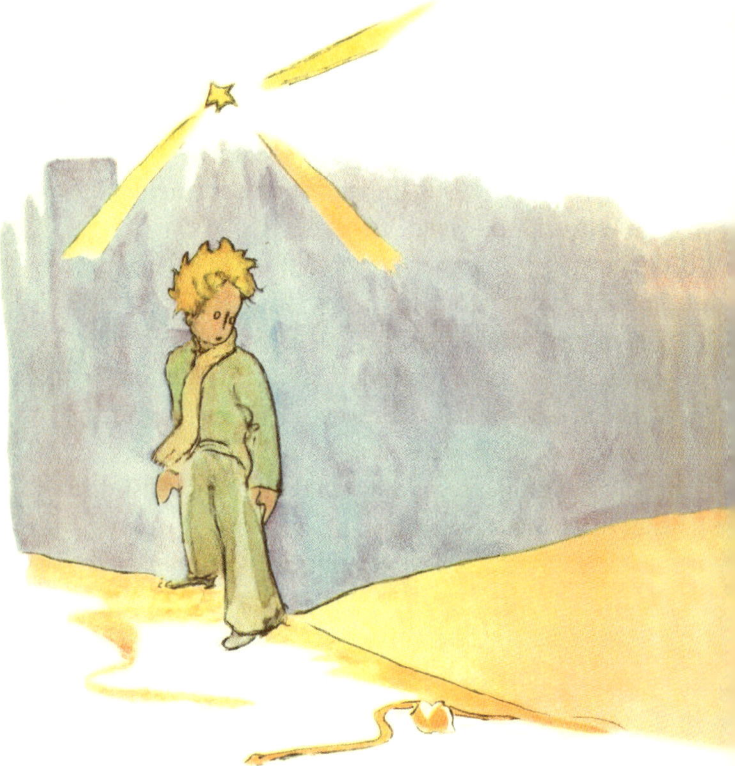

»Du bist ein drolliges Tier«, sagte er schließlich,
»dünn wie ein Finger…«

»Du bist ein drolliges Tier«, sagte er schließlich, »dünn wie ein Finger …«

»Aber ich bin mächtiger als der Finger eines Königs«, sagte die Schlange.

Der kleine Prinz musste lächeln:

»Du bist nicht sehr mächtig … Du hast nicht einmal Füße … Du kannst nicht einmal reisen …«

»Ich kann dich weiter wegbringen als ein Schiff«, sagte die Schlange. Sie rollte sich um den Knöchel des kleinen Prinzen wie ein goldenes Armband.

»Wen ich berühre, den gebe ich der Erde zurück, aus der er hervorgegangen ist«, sagte sie noch. »Aber du bist rein, du kommst von einem Stern …«

Der kleine Prinz antwortete nichts.

»Du tust mir leid auf dieser Erde aus Granit, du, der du so schwach bist. Ich kann dir eines Tages helfen, wenn du dich zu sehr nach deinem Planeten sehnst. Ich kann …«

»Oh, ich habe sehr gut verstanden«, sagte der kleine Prinz, »aber warum sprichst du immer in Rätseln?«

»Ich löse sie alle«, sagte die Schlange.

Und sie schwiegen.

XVIII

Der kleine Prinz durchquerte die Wüste und begegnete nur einer Blume mit drei Blütenblättern, einer ganz armseligen Blume …

»Guten Tag«, sagte der kleine Prinz.

»Guten Tag«, sagte die Blume.

»Wo sind die Menschen?«, fragte höflich der kleine Prinz.

Die Blume hatte eines Tages eine Karawane vorüberziehen sehen.

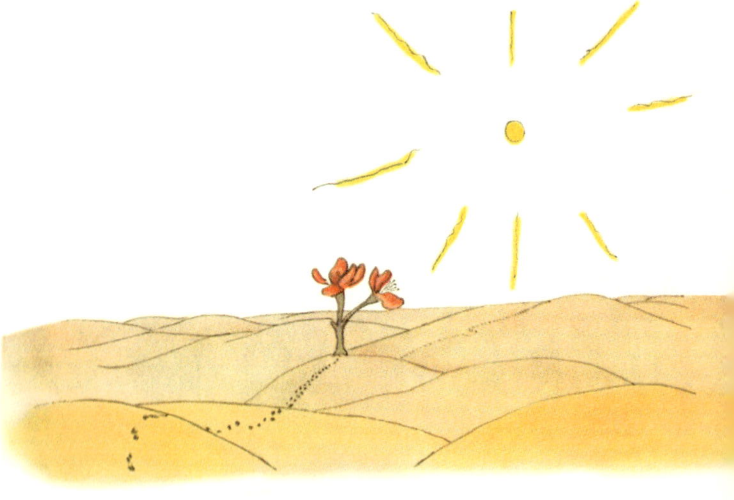

»Die Menschen? Es gibt, glaube ich, sechs oder sieben. Ich habe sie vor Jahren gesehen. Aber man weiß nie, wo sie zu finden sind. Der Wind verweht sie. Es fehlen ihnen die Wurzeln, das ist sehr übel für sie.«

»Adieu«, sagte der kleine Prinz.

»Adieu«, sagte die Blume.

XIX

Der kleine Prinz stieg auf einen hohen Berg. Die einzigen Berge, die er kannte, waren die drei Vulkane, und sie reichten ihm nur bis ans Knie, und den erloschenen Vulkan benutzte er als Schemel.

Von einem Berg so hoch wie der da, sagte er sich, werde ich mit einem Mal den ganzen Planeten und alle Menschen sehen … Aber er sah nichts als die Nadeln spitzer Felsen.

»Guten Tag«, sagte er aufs Geratewohl.

»Guten Tag … Guten Tag … Guten Tag …«, antwortete das Echo.

»Wer bist du?«, sagte der kleine Prinz.

»Wer bist du … Wer bist du … Wer bist du …?«, antwortete das Echo.

»Seid meine Freunde, ich bin allein«, sagte er.

»Ich bin allein … allein … allein …«, antwortete das Echo.

Was für ein merkwürdiger Planet! dachte er da. Er ist ganz trocken, voller Spitzen und ganz salzig. Und den Menschen fehlt es an Fantasie. Sie wiederholen, was man ihnen sagt … Zu Hause hatte ich eine Blume: Sie sprach immer zuerst …

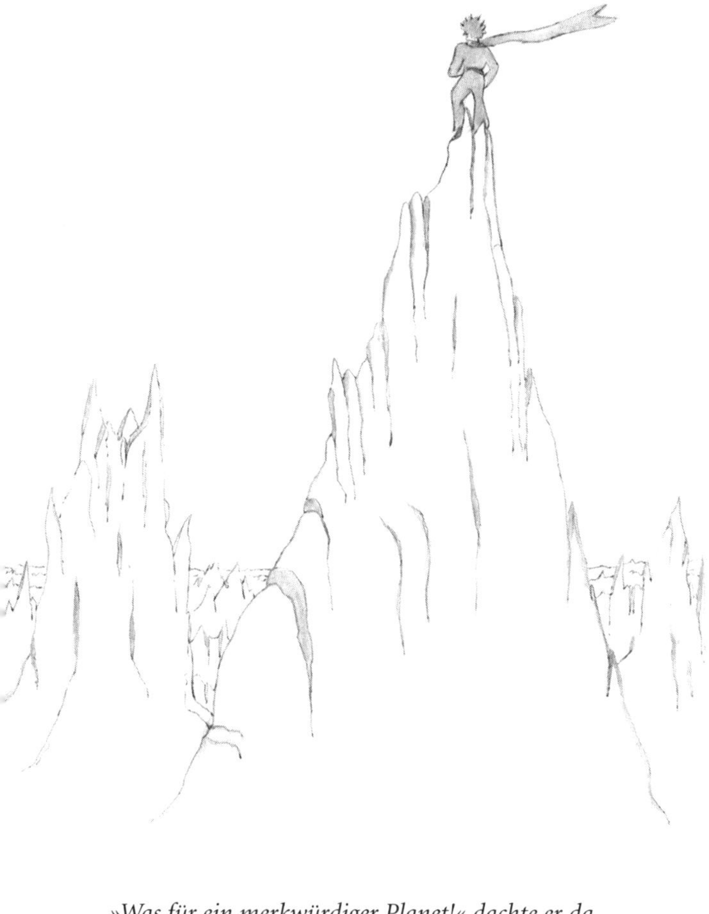

»Was für ein merkwürdiger Planet!« dachte er da.
»Er ist ganz trocken, voller Spitzen und ganz salzig.«

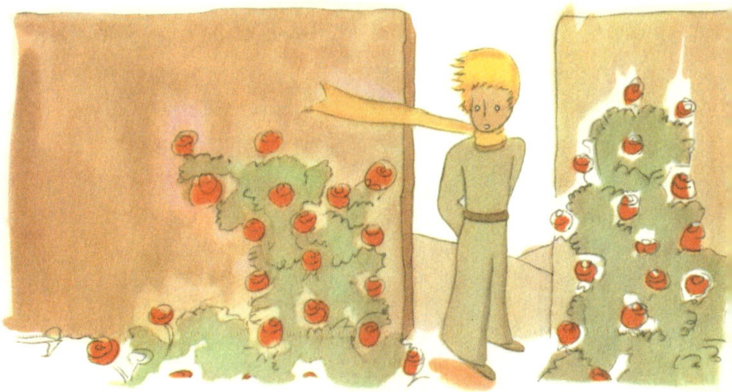

XX

Aber nachdem der kleine Prinz lange über den Sand, die Felsen und den Schnee gewandert war, geschah es, dass er endlich eine Straße entdeckte. Und die Straßen führen alle zu den Menschen.

»Guten Tag«, sagte er.

Da war ein blühender Rosengarten.

»Guten Tag«, sagten die Rosen.

Der kleine Prinz sah sie an. Sie glichen alle seiner Blume.

»Wer seid ihr?«, fragte er sie höchst erstaunt.

»Wir sind Rosen«, sagten die Rosen.

»Ach!«, sagte der kleine Prinz …

Und er fühlte sich sehr unglücklich. Seine Blume hatte ihm erzählt, dass sie auf der ganzen Welt einzig in ihrer Art sei. Und siehe!, da waren fünftausend davon, alle gleich, in einem einzigen Garten!

Sie wäre sehr böse, wenn sie das sähe, sagte er sich, sie würde fürchterlich husten und so tun, als stürbe sie, um der Lächerlichkeit zu entgehen. Und ich müsste wohl so tun, als pflegte ich sie, denn sonst ließe sie sich wirklich sterben, um auch mich zu beschämen …

Dann sagte er sich noch: Ich glaubte, ich sei reich durch eine einzigartige Blume, und ich besitze nur eine gewöhnliche Rose. Sie und meine drei Vulkane, die mir bis ans Knie reichen und von denen einer vielleicht für immer erloschen ist, das macht aus mir keinen sehr großen Prinzen … Und er warf sich ins Gras und weinte.

XXI

In diesem Augenblick erschien der Fuchs.

»Guten Tag«, sagte der Fuchs.

»Guten Tag«, antwortete höflich der kleine Prinz, der sich umdrehte, aber nichts sah.

»Ich bin da«, sagte die Stimme, »unter dem Apfelbaum …«

»Wer bist du?«, sagte der kleine Prinz. »Du bist sehr hübsch …«

»Ich bin ein Fuchs«, sagte der Fuchs.

»Komm und spiel mit mir«, schlug ihm der kleine Prinz vor. »Ich bin so traurig …«

»Ich kann nicht mit dir spielen«, sagte der Fuchs. »Ich bin noch nicht gezähmt!«

»Ah, Verzeihung!«, sagte der kleine Prinz.

Aber nach einiger Überlegung fügte er hinzu:

»Was bedeutet ›zähmen‹?«

»Du bist nicht von hier«, sagte der Fuchs, »was suchst du?«

»Ich suche die Menschen«, sagte der kleine Prinz. »Was bedeutet ›zähmen‹?«

»Die Menschen«, sagte der Fuchs, »die haben Gewehre und schießen. Das ist sehr lästig. Sie ziehen auch Hühner auf. Das ist ihr einziges Interesse. Du suchst Hühner?«

»Nein«, sagte der kleine Prinz, »ich suche Freunde. Was heißt ›zähmen‹?«

»Zähmen, das ist eine in Vergessenheit geratene Sache«, sagte der Fuchs. »Es bedeutet, sich ›vertraut machen‹.«

»Vertraut machen?«

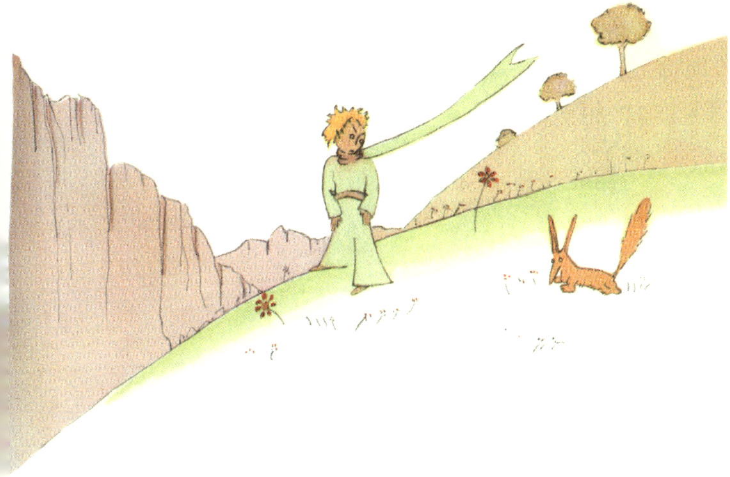

»Gewiss«, sagte der Fuchs. »Noch bist du für mich nichts als ein kleiner Junge, der hunderttausend kleinen Jungen völlig gleicht. Ich brauche dich nicht und du brauchst mich ebenso wenig. Ich bin für dich nur ein Fuchs, der hunderttausend Füchsen gleicht. Aber wenn du mich zähmst, werden wir einander brauchen. Du wirst für mich einzig sein in der Welt. Ich werde für dich einzig sein in der Welt …«

»Ich beginne zu verstehen«, sagte der kleine Prinz. »Es gibt eine Blume … ich glaube, sie hat mich gezähmt …«

»Das ist möglich«, sagte der Fuchs. »Man trifft auf der Erde alle möglichen Dinge …«

»Oh, das ist nicht auf der Erde«, sagte der kleine Prinz.

Der Fuchs schien sehr aufgeregt:

»Auf einem anderen Planeten?«

»Ja.«

»Gibt es Jäger auf diesem Planeten?«

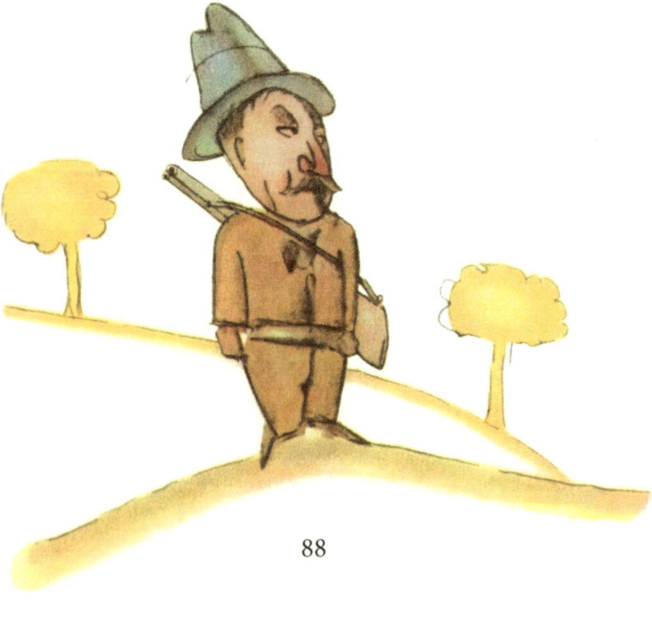

»Nein.«

»Das ist interessant! Und Hühner?«

»Nein.«

»Nichts ist vollkommen!«, seufzte der Fuchs.

Aber der Fuchs kam auf seinen Gedanken zurück:

»Mein Leben ist eintönig. Ich jage Hühner, die Menschen jagen mich. Alle Hühner gleichen einander und alle Menschen gleichen einander. Ich langweile mich also ein wenig. Aber wenn du mich zähmst, wird mein Leben voller Sonne sein. Ich werde den Klang deines Schrittes kennen, der sich von allen anderen unterscheidet. Die anderen Schritte jagen mich unter die Erde. Der deine wird mich wie Musik aus dem Bau locken. Und dann schau! Du siehst da drüben die Weizenfelder? Ich esse kein Brot. Für mich ist der Weizen zwecklos. Die Weizenfelder erinnern mich an nichts. Und das ist traurig. Aber du hast weizenblondes Haar. Oh, es wird wunderbar sein, wenn du mich einmal gezähmt hast! Das Gold der Weizenfelder wird mich an dich erinnern. Und ich werde das Rauschen des Windes im Getreide lieb gewinnen.«

Der Fuchs verstummte und schaute den kleinen Prinzen lange an.

»Bitte … zähme mich!«, sagte er.

»Ich möchte wohl«, antwortete der kleine Prinz, »aber ich habe nicht viel Zeit. Ich muss Freunde finden und viele Dinge kennen lernen.«

»Man kennt nur die Dinge, die man zähmt«, sagte

der Fuchs. »Die Menschen haben keine Zeit mehr, irgendetwas kennen zu lernen. Sie kaufen sich alles fertig in den Geschäften. Aber da es keine Kaufläden für Freunde gibt, haben die Leute keine Freunde mehr. Wenn du einen Freund willst, so zähme mich!«

»Was muss ich da tun?«, sagte der kleine Prinz.

»Du musst sehr geduldig sein«, antwortete der Fuchs. »Du setzt dich zuerst ein wenig abseits von mir ins Gras. Ich werde dich so verstohlen, so aus dem Augenwinkel anschauen und du wirst nichts sagen. Die Sprache ist die Quelle der Missverständnisse. Aber jeden Tag wirst du dich ein bisschen näher setzen können …«

Am nächsten Morgen kam der kleine Prinz zurück.

»Es wäre besser gewesen, du wärst zur selben Stunde wiedergekommen«, sagte der Fuchs. »Wenn du zum Beispiel um vier Uhr nachmittags kommst, kann ich um drei Uhr anfangen, glücklich zu sein. Je mehr die Zeit vergeht, umso glücklicher werde ich mich fühlen. Um vier Uhr werde ich mich schon aufregen und beunruhigen; ich werde erfahren, wie teuer das Glück ist. Wenn du aber irgendwann kommst, kann ich nie wissen, wann mein Herz da sein soll … Es muss feste Bräuche geben.«

»Was heißt ›fester Brauch‹?«, sagte der kleine Prinz.

»Auch etwas in Vergessenheit Geratenes«, sagte der Fuchs. »Es ist das, was einen Tag vom andern unter-

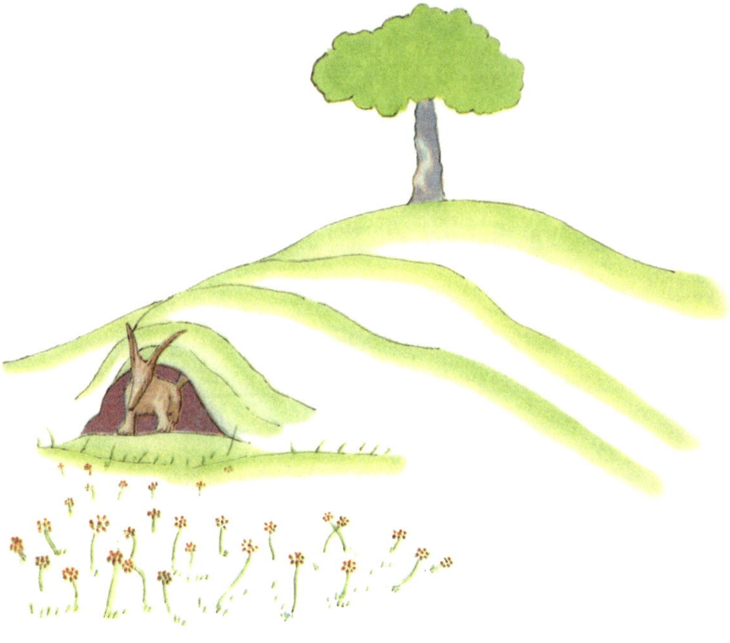

»Wenn du zum Beispiel um vier Uhr nachmittags kommst, kann ich um drei Uhr anfangen, glücklich zu sein.«

scheidet, eine Stunde von den andern Stunden. Es gibt zum Beispiel einen Brauch bei meinen Jägern. Sie tanzen am Donnerstag mit den Mädchen des Dorfes. Daher ist der Donnerstag der wunderbare Tag. Ich gehe bis zum Weinberg spazieren. Wenn die Jäger irgendwann einmal zum Tanze gingen, wären die Tage alle gleich und ich hätte niemals Ferien.«

So machte der kleine Prinz den Fuchs mit sich vertraut. Und als die Stunde des Abschieds nahe war:

»Ach!«, sagte der Fuchs, »ich werde weinen.«

»Das ist deine Schuld«, sagte der kleine Prinz, »ich wünschte dir nichts Übles, aber du hast gewollt, dass ich dich zähme …«

»Gewiss«, sagte der Fuchs.

»Aber nun wirst du weinen!«, sagte der kleine Prinz.

»Bestimmt«, sagte der Fuchs.

»So hast du also nichts gewonnen!«

»Ich habe«, sagte der Fuchs, »die Farbe des Weizens gewonnen.«

Dann fügte er hinzu:

»Geh die Rosen wieder anschauen. Du wirst begreifen, dass die deine einzig ist in der Welt. Du wirst wiederkommen und mir adieu sagen, und ich werde dir ein Geheimnis schenken.«

Der kleine Prinz ging, die Rosen wieder zu sehen.

»Ihr gleicht meiner Rose gar nicht, ihr seid noch nichts«, sagte er zu ihnen. »Niemand hat sich euch vertraut gemacht und auch ihr habt euch niemandem vertraut gemacht. Ihr seid, wie mein Fuchs war. Der war nichts als ein Fuchs wie hunderttausend andere. Aber ich habe ihn zu meinem Freund gemacht und jetzt ist er einzig in der Welt.«

Und die Rosen waren sehr beschämt.

»Ihr seid schön, aber ihr seid leer«, sagte er noch. »Man kann für euch nicht sterben. Gewiss, ein Irgendwer, der vorübergeht, könnte glauben, meine Rose sei euch ähnlich. Aber in sich selbst ist sie wichtiger als ihr alle, da sie es ist, die ich begossen habe. Da sie es ist, die ich unter den Glassturz gestellt habe. Da sie es ist, die ich mit dem Wandschirm geschützt habe. Da sie es ist, deren Raupen ich getötet habe (außer den zwei oder drei um der Schmetterlinge willen). Da sie es ist, die ich klagen oder sich rühmen gehört habe oder auch manchmal schweigen. Da es meine Rose ist.«

Und er kam zum Fuchs zurück.

»Adieu«, sagte er …

»Adieu«, sagte der Fuchs. »Hier mein Geheimnis. Es ist ganz einfach: Man sieht nur mit dem Herzen gut. Das Wesentliche ist für die Augen unsichtbar.«

»Das Wesentliche ist für die Augen unsichtbar«, wiederholte der kleine Prinz, um es sich zu merken.

»Die Zeit, die du für deine Rose verloren hast, sie macht deine Rose so wichtig.«

»Die Zeit, die ich für meine Rose verloren habe …«, sagte der kleine Prinz, um es sich zu merken.

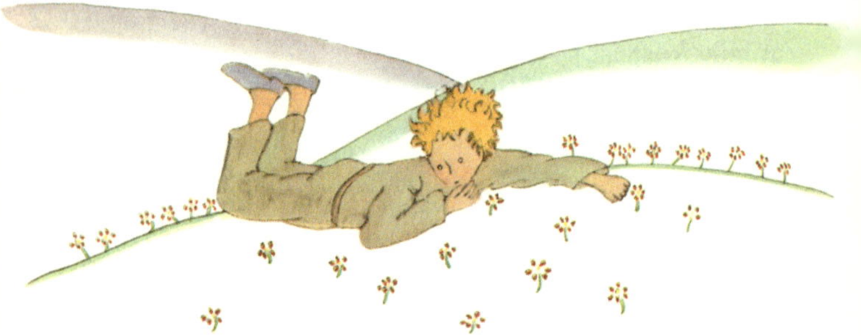

Und er warf sich ins Gras und weinte.

Und er warf sich ins Gras und weinte.

»Die Menschen haben diese Wahrheit vergessen«, sagte der Fuchs. »Aber du darfst sie nicht vergessen. Du bist zeitlebens für das verantwortlich, was du dir vertraut gemacht hast. Du bist für deine Rose verantwortlich …«

»Ich bin für meine Rose verantwortlich …«, wiederholte der kleine Prinz, um es sich zu merken.

XXII

»Guten Tag«, sagte der kleine Prinz.

»Guten Tag«, sagte der Weichensteller.

»Was machst du da?«, sagte der kleine Prinz.

»Ich sortiere die Reisenden nach Tausenderpaketen«, sagte der Weichensteller. »Ich schicke die Züge, die sie fortbringen, bald nach rechts, bald nach links.«

Und ein lichterfunkelnder Schnellzug, grollend wie der Donner, machte das Weichenstellerhäuschen erzittern.

»Sie haben es sehr eilig«, sagte der kleine Prinz. »Wohin wollen sie?«

»Der Mann von der Lokomotive weiß es selbst nicht«, sagte der Weichensteller.

Und ein zweiter blitzender Schnellzug donnerte vorbei, in entgegengesetzter Richtung.

»Sie kommen schon zurück?«, fragte der kleine Prinz …

»Das sind nicht die gleichen«, sagte der Weichensteller. »Das wechselt.«

»Waren sie nicht zufrieden dort, wo sie waren?«

»Man ist nie zufrieden dort, wo man ist«, sagte der Weichensteller.

Und es rollte der Donner eines dritten funkelnden Schnellzuges vorbei.

»Verfolgen diese die ersten Reisenden?«, fragte der kleine Prinz.

»Sie verfolgen gar nichts«, sagte der Weichensteller. »Sie schlafen da drinnen oder sie gähnen auch. Nur die Kinder drücken ihre Nasen gegen die Fensterscheiben.«

»Nur die Kinder wissen, wohin sie wollen«, sagte der kleine Prinz. »Sie wenden ihre Zeit an eine Puppe aus Stoff-Fetzen und die Puppe wird ihnen sehr wertvoll, und wenn man sie ihnen wegnimmt, weinen sie …«

»Sie haben es gut«, sagte der Weichensteller.

XXIII

»Guten Tag«, sagte der kleine Prinz.

»Guten Tag«, sagte der Händler.

Er handelte mit höchst wirksamen, durststillenden Pillen. Man schluckt jede Woche eine und spürt überhaupt kein Bedürfnis mehr zu trinken.

»Warum verkaufst du das?«, sagte der kleine Prinz.

»Das ist eine große Zeitersparnis«, sagte der Händler. »Die Sachverständigen haben Berechnungen angestellt. Man erspart dreiundfünfzig Minuten in der Woche.«

»Und was macht man mit diesen dreiundfünfzig Minuten?«

»Man macht damit, was man will …«

»Wenn ich dreiundfünfzig Minuten übrig hätte«, sagte der kleine Prinz, »würde ich ganz gemächlich zu einem Brunnen laufen …«

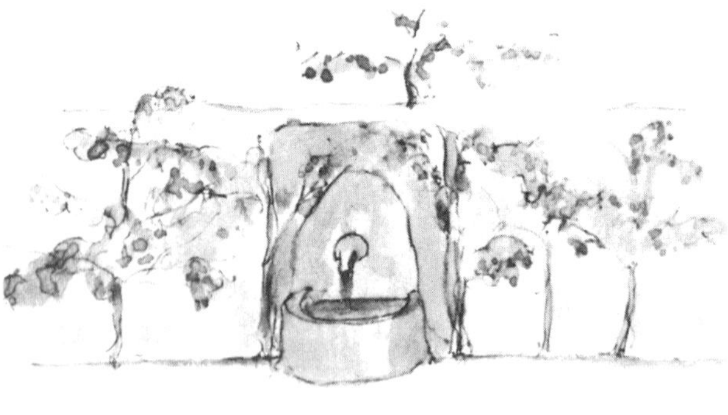

XXIV

Es war am achten Tag nach meiner Panne in der Wüste und ich hörte gerade die Geschichte vom Pillenverkäufer, als ich den letzten Tropfen meines Wasservorrats trank.

»Ach«, sagte ich zum kleinen Prinzen, »deine Erinnerungen sind ganz hübsch, aber ich habe mein Flugzeug noch nicht repariert, habe nichts mehr zu trinken und wäre glücklich, wenn auch ich ganz gemächlich zu einem Brunnen gehen könnte!«

»Mein Freund, der Fuchs«, sagte er …

»Mein kleines Kerlchen, es handelt sich nicht mehr um den Fuchs!«

»Warum?«

»Weil man vor Durst sterben wird …«

Er verstand meinen Einwand nicht, er antwortete:

»Es ist gut, einen Freund gehabt zu haben, selbst wenn man sterben muss. Ich bin froh, dass ich einen Fuchs zum Freunde hatte …«

Er ermisst die Gefahr nicht, sagte ich mir. Er hat nie Hunger, nie Durst. Ein bisschen Sonne genügt ihm …

Aber er sah mich an und antwortete auf meine Gedanken:

»Ich habe auch Durst … suchen wir einen Brunnen …«

Ich machte eine Gebärde der Hoffnungslosigkeit; es ist sinnlos, auf gut Glück in der Endlosigkeit der Wüste einen Brunnen zu suchen. Dennoch machten wir uns auf den Weg.

Als wir stundenlang schweigend dahingezogen waren, brach die Nacht herein und die Sterne begannen zu leuchten. Ich sah sie wie im Traum, ich hatte ein wenig Fieber vor Durst. Die Worte des kleinen Prinzen tanzten durch mein Bewusstsein.

»Du hast also auch Durst?«, fragte ich ihn.

Er antwortete nicht auf meine Frage. Er sagte einfach:

»Wasser kann auch gut sein für das Herz …«

Ich verstand seine Worte nicht, aber ich schwieg … Ich wusste gut, dass man ihn nicht fragen durfte.

Er war müde. Er setzte sich. Ich setzte mich neben ihn. Und nach einem Schweigen sagte er noch:

»Die Sterne sind schön, weil sie an eine Blume erinnern, die man nicht sieht …«

Ich antwortete: »Gewiss« und betrachtete schweigend die Falten des Sandes unter dem Mond.

»Die Wüste ist schön«, fügte er hinzu …

Und das ist wahr. Ich habe die Wüste immer geliebt. Man setzt sich auf eine Sanddüne. Man sieht nichts. Man hört nichts. Und währenddessen strahlt etwas in der Stille.

»Es macht die Wüste schön«, sagte der kleine Prinz, »dass sie irgendwo einen Brunnen birgt.«

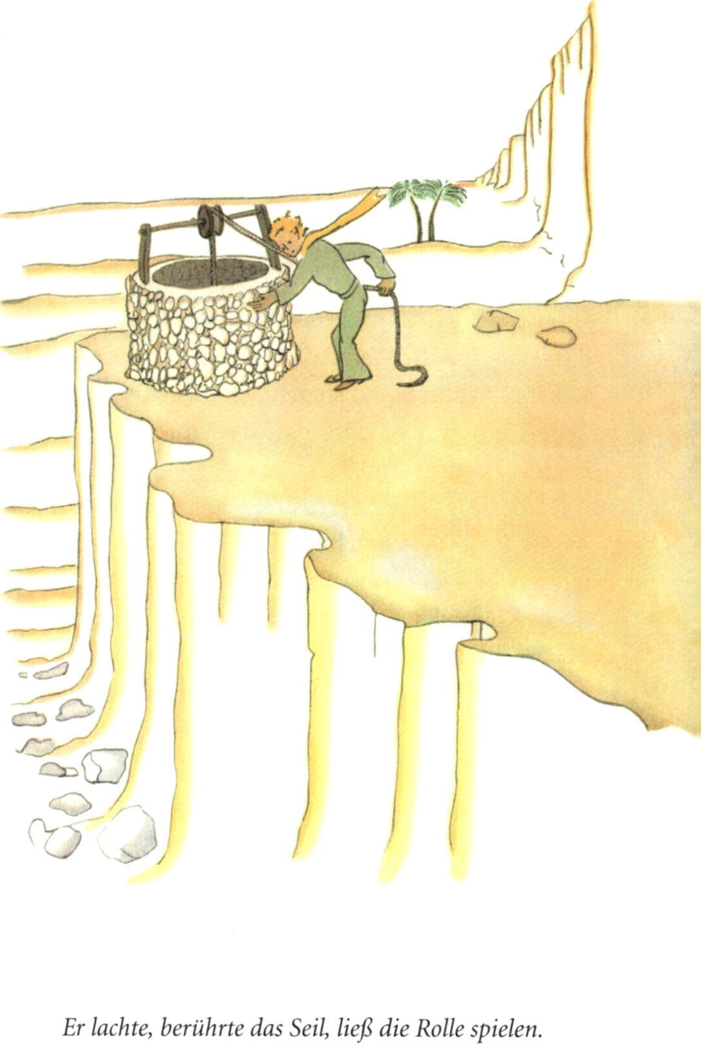

Er lachte, berührte das Seil, ließ die Rolle spielen.

Ich war überrascht, dieses geheimnisvolle Leuchten des Sandes plötzlich zu verstehen. Als ich ein kleiner Junge war, wohnte ich in einem alten Haus, und die Sage erzählte, dass darin ein Schatz versteckt sei. Gewiss, es hat ihn nie jemand zu entdecken vermocht, vielleicht hat ihn auch nie jemand gesucht. Aber er verzauberte dieses ganze Haus. Mein Haus barg ein Geheimnis auf dem Grunde seines Herzens …

»Ja«, sagte ich zum kleinen Prinzen, »ob es sich um das Haus, um die Sterne oder um die Wüste handelt, was ihre Schönheit ausmacht, ist unsichtbar!«

»Ich bin froh«, sagte er, »dass du mit meinem Fuchs übereinstimmst.«

Da der kleine Prinz einschlief, nahm ich ihn in meine Arme und machte mich wieder auf den Weg. Ich war bewegt. Mir war, als trüge ich ein zerbrechliches Kleinod. Es schien mir sogar, als gäbe es nichts Zerbrechlicheres auf der Erde. Ich betrachtete im Mondlicht diese blasse Stirn, diese geschlossenen Augen, diese im Wind zitternde Haarsträhne, und ich sagte mir:

›Was ich da sehe, ist nur eine Hülle. Das Eigentliche ist unsichtbar …‹

Da seine halb geöffneten Lippen ein halbes Lächeln andeuteten, sagte ich mir auch: Was mich an diesem kleinen eingeschlafenen Prinzen so sehr rührt, ist seine Treue zu einer Blume, ist das Bild einer Rose, das ihn durchstrahlt wie die Flamme einer Lampe, selbst wenn er schläft … Und er kam mir noch zerbrechlicher vor als bisher. Man muss die Lampen sorgsam schützen: Ein Windstoß kann sie zum Verlöschen bringen …

Und während ich so weiterging, entdeckte ich bei Tagesanbruch den Brunnen.

XXV

»Die Leute«, sagte der kleine Prinz, »schieben sich in die Schnellzüge, aber sie wissen gar nicht, wohin sie fahren wollen. Nachher regen sie sich auf und drehen sich im Kreis …« Und er fügte hinzu:

»Das ist nicht der Mühe wert …«

Der Brunnen, den wir erreicht hatten, glich nicht den Brunnen der Sahara. Die Brunnen der Sahara sind einfache, in den Sand gegrabene Löcher. Dieser da glich einem Dorfbrunnen. Aber es war keinerlei Dorf da und ich glaubte zu träumen.

»Das ist merkwürdig«, sagte ich zum kleinen Prinzen, »alles ist bereit: die Winde, der Kübel und das Seil …«

Er lachte, berührte das Seil, ließ die Rolle spielen. Und die Rolle knarrte wie ein altes Windrad, wenn der Wind lange geschlafen hat.

»Du hörst«, sagte der kleine Prinz, »wir wecken diesen Brunnen auf und er singt …«

Ich wollte nicht, dass er sich abmühte.

»Lass mich das machen«, sagte ich zu ihm, »das ist zu schwer für dich.«

Langsam hob ich den Kübel bis zum Brunnenrand. Ich stellte ihn dort schön aufrecht. In meinen Ohren war noch immer der Gesang der Zugwinde, und im Wasser, das noch zitterte, sah ich die Sonne zittern.

»Ich habe Durst nach diesem Wasser«, sagte der kleine Prinz, »gib mir zu trinken …«

Und ich verstand, was er gesucht hatte.

Ich hob den Kübel an seine Lippen. Er trank mit geschlossenen Augen. Das war wie ein Fest. Dieses Wasser war etwas ganz anderes als ein Trunk. Es war entsprungen aus dem Marsch unter den Sternen, aus dem Gesang der Rolle, aus der Mühe meiner Arme. Es war gut fürs Herz, wie ein Geschenk. Genauso machten, als ich ein Junge war, die Lichter des Christbaums, die Musik der Weihnachtsmette, die Sanftmut des Lächelns den eigentlichen Glanz der Geschenke aus, die ich erhielt.

»Die Menschen bei dir zu Hause«, sagte der kleine Prinz, »züchten fünftausend Rosen in ein und demselben Garten … und doch finden sie dort nicht, was sie suchen …«

»Sie finden es nicht«, antwortete ich …

»Und dabei kann man das, was sie suchen, in einer einzigen Rose oder in einem bisschen Wasser finden …«

»Ganz gewiss«, antwortete ich.

Und der kleine Prinz fügte hinzu:

»Aber die Augen sind blind. Man muss mit dem Herzen suchen.«

Ich hatte getrunken. Es atmete sich wieder gut. Der Sand hat bei Tagesanbruch die Farbe des Honigs. Auch über diese Honigfarbe war ich glücklich. Warum sollte ich mir Sorgen machen …

»Du musst dein Versprechen halten«, sagte sanft der kleine Prinz, der sich wieder zu mir gesetzt hatte.

»Welches Versprechen?«

»Du weißt, einen Maulkorb für mein Schaf … Ich bin verantwortlich für diese Blume!«

Ich nahm meine Skizzen aus der Tasche. Der kleine Prinz sah sie und sagte lachend:

»Deine Affenbrotbäume schauen ein bisschen wie Kohlköpfe aus …«

»Oh!«

Und ich war auf die Affenbrotbäume so stolz gewesen!

»Dein Fuchs … seine Ohren … sie schauen ein wenig wie Hörner aus … sie sind viel zu lang!«

Und er lachte wieder.

»Du bist ungerecht, kleines Kerlchen, ich konnte nichts zeichnen als geschlossene und offene Riesenschlangen!«

»Oh! Es wird schon gehen«, sagte er, »die Kinder wissen ja Bescheid.«

Ich kritzelte also einen Maulkorb hin. Und das Herz krampfte sich mir zusammen, als ich ihn dem kleinen Prinzen gab:

»Du hast Pläne, von denen ich nichts weiß …«

Aber er antwortete nicht. Er sagte:

»Du weißt, mein Sturz auf die Erde … Morgen wird es ein Jahr sein …«

Dann, nach einem Schweigen, sagte er noch:

»Ich war ganz in der Nähe heruntergefallen …«

Und er errötete.

Wieder fühlte ich einen merkwürdigen Kummer, ohne zu wissen warum. Indessen kam mir eine Frage:

»Dann ist es kein Zufall, dass du am Morgen, da ich dich kennen lernte, vor acht Tagen, so ganz allein, tausend Meilen von allen bewohnten Gegenden entfernt, spazieren gingst? Du kehrtest zu dem Punkt zurück, wohin du gefallen warst?«

Der kleine Prinz errötete noch mehr.

Und ich fügte zögernd hinzu: »Vielleicht war es der Jahrestag? …«

Von neuem errötete der kleine Prinz. Er antwortete nie auf die Fragen, aber wenn man errötet, so bedeutet das ›ja‹, nicht wahr?

»Ach«, sagte ich, »ich habe Angst!«

Aber er antwortete:

»Du musst jetzt arbeiten. Du musst wieder zu deiner Maschine zurückkehren. Ich erwarte dich hier. Komm morgen Abend wieder …«

Aber ich war nicht beruhigt. Ich erinnerte mich an den Fuchs. Man läuft Gefahr, ein bisschen zu weinen, wenn man sich hat zähmen lassen …

XXVI

Neben dem Brunnen stand die Ruine einer alten Steinmauer. Als ich am nächsten Abend von meiner Arbeit zurückkam, sah ich von weitem meinen kleinen Prinzen da oben sitzen, mit herabhängenden Beinen. Und ich hörte ihn sprechen.

»Du erinnerst dich also nicht mehr?«, sagte er. »Es ist nicht ganz genau hier!«

Zweifellos antwortete ihm eine andere Stimme, da er erwiderte:

»Doch! Doch! Es ist wohl der Tag, aber nicht genau der Ort …«

Ich setzte meinen Weg zur Mauer fort. Ich sah und hörte niemanden. Dennoch erwiderte der kleine Prinz von neuem:

»Gewiss. Du wirst sehen, wo meine Spur im Sand beginnt. Du brauchst mich nur dort zu erwarten. Ich werde heute Nacht dort sein.«

Ich war zwanzig Meter von der Mauer entfernt und sah noch immer nichts. Der kleine Prinz sagte noch, nach einem kurzen Schweigen:

»Du hast gutes Gift? Bist du sicher, dass du mich nicht lange leiden lässt?«

Ich blieb stehen und das Herz presste sich mir zusammen, aber ich verstand noch immer nicht.

»Jetzt geh weg«, sagte er, »ich will hinunterspringen!«

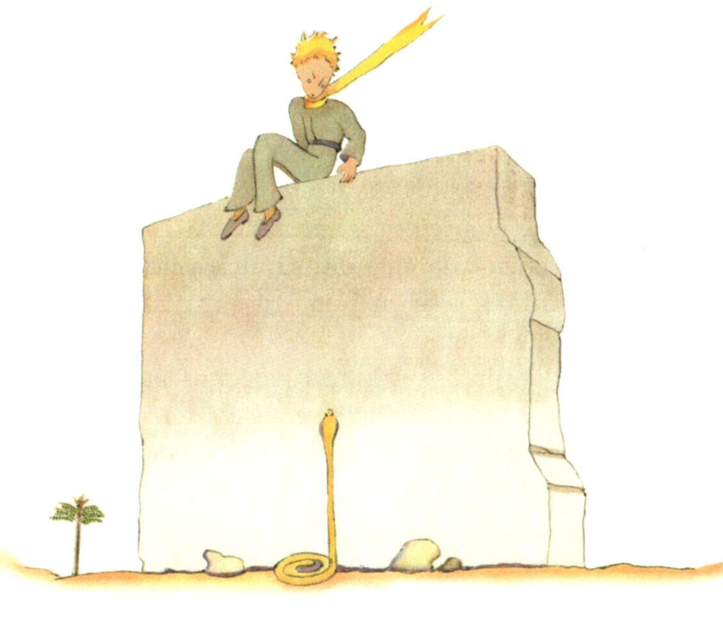

»Jetzt geh weg«, sagte er, »ich will hinunterspringen!«

Da richtete ich selbst den Blick auf den Fuß der Mauer und ich machte einen Satz! Da war, zum kleinen Prinzen emporgereckt, eine dieser gelben Schlangen, die euch in dreißig Sekunden erledigen … Ich wühlte in meiner Tasche nach meinem Revolver und begann zu laufen, aber bei dem Lärm, den ich machte, ließ sich die Schlange sachte in den Sand gleiten, wie ein Wasserstrahl, der stirbt, und ohne allzu große Eile schlüpfte sie mit einem leichten metallenen Klirren zwischen die Steine.

Gerade rechtzeitig kam ich zur Mauer, um mein kleines Kerlchen von einem Prinzen in meinen Armen aufzufangen; er war bleich wie der Schnee.

»Was sind das für Geschichten! Du sprichst jetzt mit Schlangen?!«

Ich hatte ihm seinen sonnengelben Schal abgenommen. Ich hatte ihm die Schläfen genetzt und ihm zu trinken gegeben. Und jetzt wagte ich nicht, ihn weiter zu fragen.

Er schaute mich ernsthaft an und legte seine Arme um meinen Hals. Ich fühlte sein Herz klopfen wie das eines sterbenden Vogels, den man mit der Flinte geschossen hat.

Er sagte zu mir:

»Ich bin froh, dass du gefunden hast, was an deiner Maschine fehlte. Du wirst nach Hause zurückkehren können …«

»Woher weißt du das?«

Ich hatte ihm gerade erzählen wollen, dass mir gegen alle Erwartung meine Arbeit geglückt sei!

Er antwortete nicht auf meine Frage, fuhr aber fort:

»Auch ich werde heute nach Hause zurückkehren …«

Dann schwermütig:

»Das ist viel weiter … Das ist viel schwieriger …«

Ich fühlte wohl, dass etwas Außergewöhnliches vorging.

Ich schloss ihn fest in die Arme wie ein kleines Kind, und doch schien es mir, als stürzte er senkrecht in einen Abgrund, ohne dass ich imstande war, ihn zurückzuhalten …

Sein Blick war ernst; er verlor sich in weiter Ferne:

»Ich habe dein Schaf. Und ich habe die Kiste für das Schaf. Und ich habe den Maulkorb …«

Und er lächelte schwermütig.

Ich wartete lange. Ich fühlte, dass er sich mehr und mehr erwärmte:

»Kleines Kerlchen, du hast Angst gehabt …«

Er hatte Angst gehabt, ganz gewiss! Aber er lachte sanft:

»Ich werde heute Abend noch viel mehr Angst haben …«

Wieder lief es mir eisig über den Rücken bei dem Gefühl des Unabwendbaren. Dieses Lachen nie mehr zu hören – ich begriff, dass ich den Gedanken nicht ertrug. Es war für mich wie ein Brunnen in der Wüste.

»Kleines Kerlchen, ich will dich noch lachen hören.«

Aber er sagte zu mir:

»Diese Nacht wird es ein Jahr. Mein Stern wird sich gerade über dem Ort befinden, wo ich letztes Jahr gelandet bin …«

»Kleines Kerlchen, ist sie nicht ein böser Traum, diese Geschichte mit der Schlange und der Vereinbarung und dem Stern …«

Aber er antwortete nicht auf meine Frage.

Er sagte: »Was wichtig ist, sieht man nicht …«

»Gewiss …«

»Das ist wie mit der Blume. Wenn du eine Blume liebst, die auf einem Stern wohnt, so ist es schön, bei Nacht den Himmel zu betrachten. Alle Sterne sind voll Blumen.«

»Gewiss …«

»Das ist wie mit dem Wasser. Was du mir zu trinken gabst, war wie Musik, die Winde und das Seil … du erinnerst dich … es war gut.«

»Gewiss …«

»Du wirst in der Nacht die Sterne anschauen. Mein Zuhause ist zu klein, um dir zu zeigen, wo es sich befindet. Es ist besser so. Mein Stern wird für dich einer der Sterne sein. Dann wirst du alle Sterne gern anschauen … Alle werden sie deine Freunde sein. Und dann werde ich dir ein Geschenk machen …«

Er lachte noch.

»Ach! Kleines Kerlchen, kleines Kerlchen! Ich höre dieses Lachen so gern!«

»Gerade das wird mein Geschenk sein … Es wird sein wie mit dem Wasser …«

»Was willst du sagen?«

»Die Leute haben Sterne, aber es sind nicht die gleichen. Für die einen, die reisen, sind die Sterne Führer. Für andere sind sie nichts als kleine Lichter. Für wieder andere, die Gelehrten, sind sie Probleme. Für meinen Geschäftsmann waren sie Gold. Aber alle diese Sterne schweigen. Du, du wirst Sterne haben, wie sie niemand hat …«

»Was willst du sagen?«

»Wenn du bei Nacht den Himmel anschaust, wird es dir sein, als lachten alle Sterne, weil ich auf einem von ihnen wohne, weil ich auf einem von ihnen lache. Du allein wirst Sterne haben, die lachen können!«

Und er lachte wieder.

»Und wenn du dich getröstet hast (man tröstet sich immer), wirst du froh sein, mich gekannt zu haben. Du wirst immer mein Freund sein. Du wirst Lust haben, mit mir zu lachen. Und du wirst manchmal dein Fenster öffnen, gerade so, zum Vergnügen … Und deine Freunde werden sehr erstaunt sein, wenn sie sehen, dass du den Himmel anblickst und lachst. Dann wirst du ihnen sagen: ›Ja, die Sterne, die bringen mich immer zum Lachen!‹ Und sie werden dich für verrückt halten. Ich werde dir einen hübschen Streich gespielt haben …«

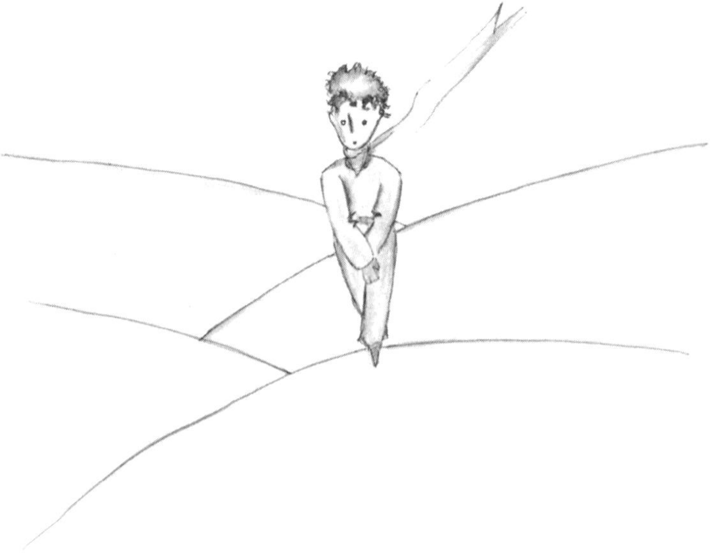

Und er lachte wieder.

»Es wird sein, als hätte ich dir statt der Sterne eine Menge kleiner Schellen geschenkt, die lachen können …«

Und er lachte noch immer. Dann wurde er wieder ernst:

»Diese Nacht … weißt du … komm nicht!«

»Ich werde dich nicht verlassen.«

»Es wird so aussehen, als wäre ich krank … ein

bisschen, als stürbe ich. Das ist so. Komm nicht das anschauen, es ist nicht der Mühe …«

»Ich werde dich nicht verlassen.«

Aber er war voll Sorge.

»Ich sage dir das … auch wegen der Schlange. Sie darf dich nicht beißen … Die Schlangen sind böse. Sie können zum Vergnügen beißen …«

»Ich werde dich nicht verlassen.«

Aber etwas beruhigte ihn:

»Es ist wahr, sie haben für den zweiten Biss kein Gift mehr …«

Ich habe es nicht gesehen, wie er sich in der Nacht

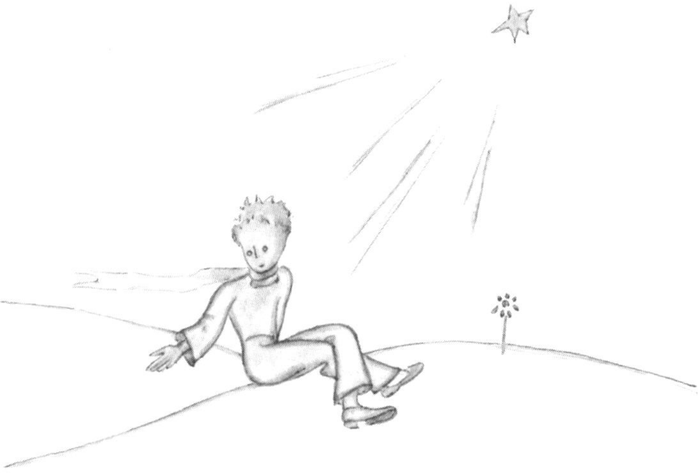

auf den Weg machte. Er war lautlos entwischt. Als es mir gelang, ihn einzuholen, marschierte er mit raschem, entschlossenem Schritt dahin.

Er sagte nur:

»Ah, du bist da …«

Und er nahm mich bei der Hand. Aber er quälte sich noch:

»Du hast nicht recht getan. Es wird dir Schmerz bereiten. Es wird aussehen, als wäre ich tot, und das wird nicht wahr sein …«

Ich schwieg.

»Du verstehst. Es ist zu weit. Ich kann diesen Leib da nicht mitnehmen. Er ist zu schwer.«

Ich schwieg.

»Aber er wird daliegen wie eine alte verlassene Hülle. Man soll nicht traurig sein um solche alten Hüllen …«

Ich schwieg.

Er verlor ein bisschen den Mut. Aber er gab sich noch Mühe:

»Weißt du, es wird wunderbar sein. Auch ich werde die Sterne anschauen. Alle Sterne werden Brunnen sein mit einer verrosteten Winde. Alle Sterne werden mir zu trinken geben …«

Ich schwieg.

»Das wird so lustig sein! Du wirst fünfhundert Millionen Schellen haben, ich werde fünfhundert Millionen Brunnen haben …«

Und auch er schwieg, weil er weinte …

»Da ist es. Lass mich einen Schritt ganz allein tun.«

Und er setzte sich, weil er Angst hatte.

Er sagte noch:

»Du weißt … meine Blume … ich bin für sie verantwortlich! Und sie ist so schwach! Und sie ist so kindlich. Sie hat vier Dornen, die nicht taugen, sie gegen die Welt zu schützen …«

Ich setzte mich, weil ich mich nicht mehr aufrecht halten konnte.

Er sagte:

»Hier … Das ist alles …«

Er zögerte noch ein bisschen, dann erhob er sich. Er tat einen Schritt. Ich konnte mich nicht rühren.

Es war nichts als ein gelber Blitz bei seinem Knöchel. Er blieb einen Augenblick reglos. Er schrie nicht. Er fiel sachte, wie ein Blatt fällt. Ohne das leiseste Geräusch fiel er in den Sand.

XXVII

Und jetzt sind es gewiss schon wieder sechs Jahre her … Ich habe diese Geschichte noch nie erzählt. Die Kameraden, die mich wiedergesehen haben, waren froh, mich lebend wiederzusehen. Ich war traurig, aber ich sagte zu ihnen: Das ist die Erschöpfung …

Jetzt habe ich mich ein bisschen getröstet. Das heißt … nicht ganz. Aber ich weiß gut, er ist auf seinen Planeten zurückgekehrt, denn bei Tagesanbruch habe ich seinen Körper nicht wiedergefunden. Es war kein so schwerer Körper … Und ich liebe es, des Nachts den Sternen zuzuhören. Sie sind wie fünfhundert Millionen Glöckchen …

Aber nun geschieht etwas Außergewöhnliches.

Ich habe vergessen, an den Maulkorb, den ich für den kleinen Prinzen gezeichnet habe, einen Lederriemen zu machen! Es wird ihm nie gelungen sein, ihn dem Schaf anzulegen.

So frage ich mich: Was hat sich auf dem Planeten wohl ereignet? Vielleicht hat das Schaf doch die Blume gefressen …

Das eine Mal sage ich mir: Bestimmt nicht! Der kleine Prinz deckt seine Blume jede Nacht mit seinem Glassturz zu und er gibt auf sein Schaf gut Acht. Dann bin ich glücklich. Und alle Sterne lachen leise.

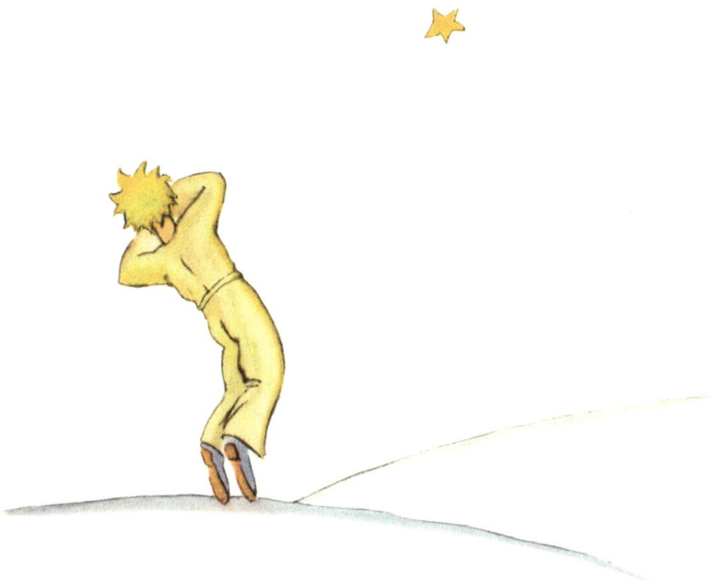

Er fiel sachte, wie ein Blatt fällt.

Dann wieder sage ich mir: Man ist das eine oder das andere Mal zerstreut, und das genügt! Er hat eines Abends die Glasglocke vergessen oder das Schaf ist eines Nachts lautlos entwichen … Dann verwandeln sich die Schellen alle in Tränen! …

Das ist ein sehr großes Geheimnis. Für euch, die ihr den kleinen Prinzen auch liebt, wie für mich, kann nichts auf der Welt unberührt bleiben, wenn irgendwo, man weiß nicht wo, ein Schaf, das wir nicht kennen, eine Rose vielleicht gefressen hat oder vielleicht nicht gefressen hat …

Schaut den Himmel an. Fragt euch: Hat das Schaf die Blume gefressen oder nicht? Ja oder nein? Und ihr werdet sehen, wie sich alles verwandelt …

Aber keiner von den großen Leuten wird jemals verstehen, dass das eine so große Bedeutung hat!

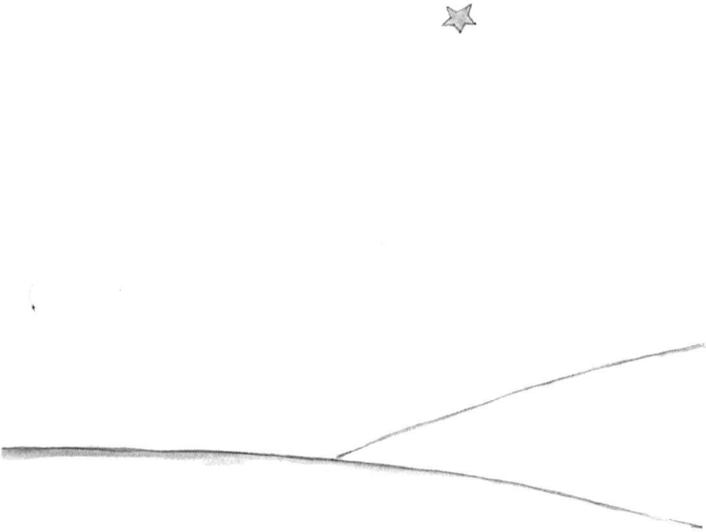

Das ist für mich die schönste und traurigste Landschaft der Welt. Es ist die gleiche Landschaft wie die auf der vorhergehenden Seite, aber ich habe sie nochmals hergezeichnet, um sie euch ganz deutlich zu machen. Hier ist der kleine Prinz auf der Erde erschienen und wieder verschwunden. Schaut diese Landschaft genau an, damit ihr sie sicher wiedererkennt, wenn ihr eines Tages durch die afrikanische Wüste reist. Und wenn ihr zufällig da vorbeikommt, eilt nicht weiter, ich flehe euch an – wartet ein bisschen, gerade unter dem Stern! Wenn dann ein Kind auf euch zukommt, wenn es lacht, wenn es goldenes Haar hat, wenn es nicht antwortet, so man es fragt, dann werdet ihr wohl erraten, wer es ist. Dann seid so gut und lasst mich nicht weiter so traurig sein: Schreibt mir schnell, wenn er wieder da ist ...

Antoine de Saint-Exupéry wurde am 29. Juni 1900 geboren. Schon früh verlor er den Vater; mit umso größerer Liebe hing er sein ganzes Leben lang an seiner Mutter (»Briefe an seine Mutter«). Nach dem Besuch der Jesuitenschule leistete er seinen Militärdienst in einem Fliegerregiment – und fand so seinen Beruf: 1926 übernahm er als Pilot die Linie Toulouse – Casablanca (»Südkurier«). Schon zwei Jahre später wurde er Direktor der Luftpost von Buenos Aires (»Nachtflug«) und danach wieder Versuchsflieger. Im Jahre 1935 stürzte er über der ägyptischen Wüste ab – eine Episode, die in seinem Buch »Wind, Sand und Sterne« wiederkehrt. Es entstand zwei Jahre später nach einem Startunfall in Guatemala und erhielt den Großen Preis der Académie Française. Im Zweiten Weltkrieg emigrierte Saint-Exupéry nach der Besetzung Frankreichs in die USA; hier entstand neben »Der Kleine Prinz« und »Flug nach Arras« auch der unter dem Titel »Bekenntnis einer Freundschaft« veröffentlichte Brief an den ausgelieferten Freund Léon Werth. Als die Alliierten 1942 in Nordafrika landeten, schloss er sich der Armee des Generals de Gaulle an. Am 31. Juli 1944 startete sein Fernaufklärer von der Insel Korsika aus zum letzten Flug: Der Pilot und Dichter kehrte nicht zurück.

Zeitlebens gab es für Saint-Exupéry nur zwei Dinge, die wichtig waren: das Fliegen und das Schreiben. Dennoch flog er nicht um des Fliegens, schrieb er nicht um des Schreibens willen. Beides war ihm wichtig als Dienst am Menschen.

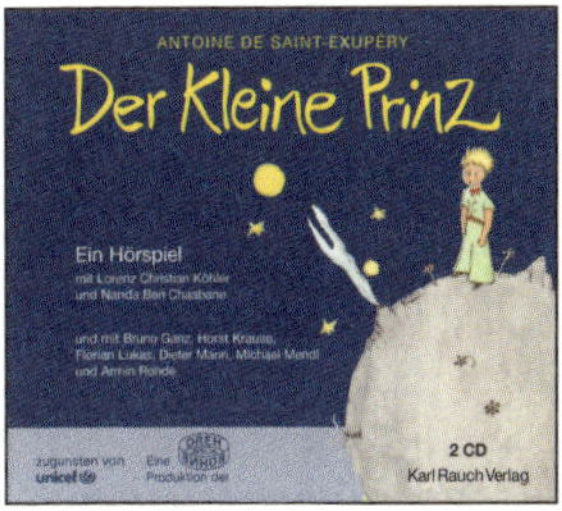

Antoine de Saint-Exupéry
Der Kleine Prinz
Ein Hörspiel
2 CDs, Länge ca. 105 Minuten
ISBN 978-3-7920-0100-4

Hörspielbearbeitung und Regie
von Lorenz Christian Köhler
Eine Produktion der drehbühe berlin

Die Besetzung der Hörspielfassung ist erstklassig. Der Kleine Prinz wird von der arabisch-deutschen Schauspielerin Nanda Ben Chaabane verkörpert. Auf der Erde begegnet der Kleine Prinz dem abgestürzten Fliegerpiloten (Lorenz Christian Köhler).
Für die Rollen der Planetenbewohner konnten prominente Schauspieler gewonnen werden: Bruno Ganz als Geograf, Horst Krause als Säufer, Florian Lukas als Laternenanzünder, Dieter Mann als Geschäftsmann, Michael Mendl als König sowie Armin Rohde in der Rolle des Eitlen.
Die arabisch-orientalische Musik wurde von den Musikern Antje Volkmann und Christoph Hamann eigens für die Produktion arrangiert und macht eine der zahlreichen Besonderheiten des Hörspielerlebnisses aus.

Die Inszenierung richtet sich – genau wie die Vorlage – gleichermaßen an Erwachsene wie auch an Kinder.

Karl Rauch Verlag

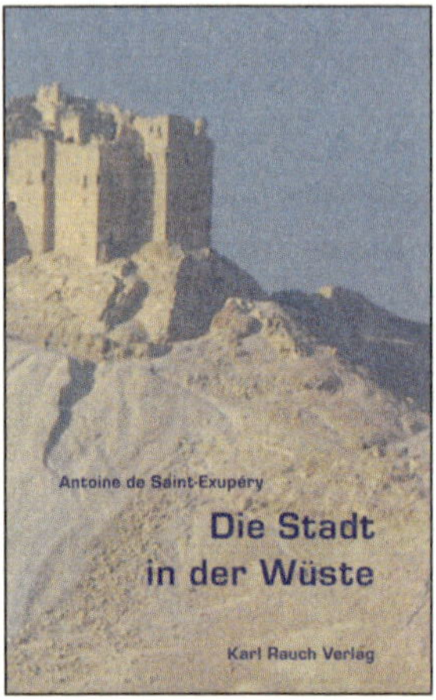

Antoine de Saint-Exupéry
Die Stadt in der Wüste
Ins Deutsche übersetzt von
Oswalt von Nostitz
Gebunden, mit
Schutzumschlag
714 Seiten
Format 11,6 x 18,4 cm
ISBN 978-3-7920-0037-3

Das umfangreichste Werk Saint-Exupérys.
Die Zitadelle ist kein existierendes, sondern ein imaginäres Gebilde in der arabischen Wüste.
Das Buch besteht aus verschiedenen Mosaiksteinen, aus Meditationen, Gebeten, Bildern, Gesprächen … Es ist das Vermächtnis des Autors, der Schlussstein und das Gewölbe des Gesamtwerks.

Die Zitadelle ist die Stadt der Weisheit in der Wüste, der Brunnen in der Oase. Das Buch ein Zitatenschatz.

Karl Rauch Verlag